AUTOREN

SABRINA FAUDA-RÔLE, ILONA CHOVANCOVA,
NATACHA ARNOULT, ANNA HELM BAXTER,
LENE KNUDSEN, JESSIE KANELOS WEINER,
ORATHAY SOUKSISAVANH, KEDA BLACK

FOTOS VON

ELISA WATSON, REBECCA GENET, DEIRDRE ROONEY,
RICHARD BOUTIN, ILONA CHOVANCOVA,
CHARLOTTE LASCÈVE, VALÉRY GUÉDÈS,
PIERRE JAVELLE, AKIKO IDA

SUPER EINFACH KOCHEN

VEGETARISCH

REZEPTE MIT 3 - 6 ZUTATEN

Librero

Inhalt

SUPPEN

SALATE

FÜR DEN KLEINEN HUNGER

FÜR DEN GROSSEN HUNGER

SUSSES

Vegetarier werden

EIN PLUS FÜR DIE GESUNDHEIT

Die Entscheidung für ein vegetarisches Leben hilft, Risiken im Hinblick auf Herzerkrankungen, Fettleibigkeit, Bluthochdruck und verschiedene Krebsarten zu verringern. Diese Ernährungsform reduziert grundlegend die Aufnahme von Fett und sorgt für eine Fülle von Nährstoffen, Antioxidantien und Vitaminen. Darüber hinaus ist die Entscheidung für ein vegetarisches Leben auch gut für die Umwelt und spart bares Geld.

DAS GEHEIMNIS IST DIE VIELFALT

Proteine setzen sich aus verschiedenen Aminosäuren zusammen, die sowohl für den Stoffwechsel als auch für den Muskelaufbau eine besondere Rolle in unserem Körper spielen. Von 20 Aminosäuren sind 9 essenziell, weil unser Körper sie nicht selbst erzeugen kann. Sie müssen also aus proteinhaltigen Lebensmitteln stammen. Um Fleisch wirksam ersetzen zu können, muss man wissen, welche dieser Aminosäuren am besten sind, und wofür sie gut sind.

WAS BRAUCHEN SIE?

Die durchschnittliche empfohlene Proteinmenge beträgt 0,8 g pro Kilo Körpergewicht, d. h. 56 – 91 g durchschnittlich für einen Mann, 46 – 75 g für eine Frau.

WAS SIND DIE BESTEN QUELLEN?

Für Vegetarier gibt es zahlreiche Lebensmittel, die sowohl gut schmecken als auch reich an Proteinen sind.

LEBENSMITTEL	PROTEINE
Milchprodukte	
3 Eier	12 g
100 ml fettarme Milch	3,4 g
28 g Ziegenkäse	8,5 g
200 g griechischer Joghurt	20 g
Getreide und Trockengemüse	
100 g gekochter Quinoa	4,4 g
100 g gekochte Vollkornnudeln	5,3 g
100 g gekochte Sojabohnen	17 g
100 g gekochte weiße Bohnen	9,7 g
100 g gekochte Kichererbsen	8,9 g
Gemüse	
150 g gekochter Brokkoli	3,6 g
100 g gekochte Erbsen	5,4 g
100 g Champignons	3,1 g
100 g Zuckerbohnen	3,5 g
100 g Grünkohl	4,3 g
Kerne und Trockenfrüchte	
23 Mandeln	6 g
20 g Kürbiskerne	6,6 g
20 g Sonnenblumenkerne	3,9 g

VERGLEICHSTABELLE FÜR PROTEINE

Tierische Proteine		Pflanzliche Proteine		vegetarische Rezeptideen		Proteine
100 g gekochter Lachs	=	250 g fester Tofu	oder	100 g Tofu + 175 g gekochter Quinoa + 100 g Brokkoli + 50 g Kichererbsen	=	25 g
100 g gebackenes Hühnchen	=	120 g Linsen	oder	30 g Linsen + 100 g weiße Bohnen + 28 g Ziegenkäse + 150 g Zuckererbsen + 100 g Champignons	=	31 g
100 g Beefsteak	=	300 g griechischer Joghurt	oder	150 g Joghurt + 100 g Haferflocken + 100 ml fettarme Milch + 23 Mandeln	=	30 g
2 große Schweinewürstchen	=	5 Eiweiß	oder	3 Eier, 28 g Cheddar + 30 g Spinatblätter	=	20 g

Der vegetarische Einkauf

MILCHPRODUKTE UND FRISCHPRODUKTE

- ☐ Milch
- ☐ Crème fraîche
- ☐ Feta
- ☐ Ziegenkäse
- ☐ Blauschimmelkäse
- ☐ Ricotta
- ☐ Panir (indischer Frischkäse)
- ☐ Griechischer Joghurt
- ☐ Reifer Cheddar
- ☐ Parmesan
- ☐ Eier
- ☐ Tofu

SÄTTIGUNGSBEILAGEN

- ☐ Verschiedene Nudeln
- ☐ Gerste
- ☐ Couscous-Grieß
- ☐ Quinoa
- ☐ Reis: weiß, Arborio, Vollkorn
- ☐ Haferflocken
- ☐ Dinkel

KONSERVEN

- ☐ Verschiedene Hülsenfrüchte
- ☐ Tomatenmark
- ☐ Ganze Tomaten
- ☐ Kokosmilch
- ☐ Oliven
- ☐ Kapern

FETT UND GEWÜRZE

- ☐ Tahin (Sesammus)
- ☐ Sojasauce mit reduziertem Natriumgehalt
- ☐ Rotweinessig
- ☐ Olivenöl
- ☐ Chilisauce mit Knoblauch
- ☐ Gelbe Zitrone
- ☐ Grüne Zitrone
- ☐ Ahornsirup
- ☐ Verschiedene Gewürze
- ☐ Nussbutter

TROCKENFRÜCHTE UND KERNE

- ☐ Pistazien
- ☐ Hazelnüsse
- ☐ Walnüsse
- ☐ Mandeln
- ☐ Pinienkerne
- ☐ Kürbiskerne
- ☐ Rosinen
- ☐ Getrocknete Aprikosen

TIEFKÜHLKOST

- ☐ Vollkorn-Edamame
- ☐ Erbsen
- ☐ Blätterteig

Hummus mit Edamame

 In 15 Minuten vorbereitet

 5 Minuten Kochzeit

 Für 6 Personen

TK-Edamame
400 g

Tahina
2 Esslöffel

○ Die Edamame in einen Topf mit kochendem Salzwasser geben. 5 Minuten kochen lassen, abgießen und in eine Schale mit Eiswasser tauchen. Abkühlen lassen.

Knoblauch
× 1 Zehe

Sesamöl
4 Esslöffel

○ Die Edamame enthülsen. Die Knoblauchzehe schälen und entkeimen.

○ Einen Esslöffel Edamame-Bohnen zurückbehalten. Den Rest mit dem Knoblauch, der Tahina und dem Sesamöl pürieren.

○ Vor dem Servieren salzen und mit den restlichen Bohnen vermischen.

Hummus mit Roten Beten

 In 10 Minuten vorbereitet

 Ohne Kochen

 Für 6 Personen

gekochte Rote Bete
300 g

Mandelpüree
4 Esslöffel

○ Die Rote Bete gegebenenfalls schälen und die Limette pressen.

○ Mit dem Mandelpüree, dem Zitronensaft, dem Dill, dem Olivenöl und 2 Prisen Salz pürieren.

Dill
× 6 Stiele

Olivenöl
2 Esslöffel

Limette
× 1

Linsen-Rillettes

 In 10 Minuten vorbereitet

 30 Minuten Kochzeit

 Für 6 Personen

grüne Linsen
100 g

Korallenlinsen
100 g

○ Die grünen Linsen 30 Minuten in kochendem Wasser, die Korallenlinsen 15 Minuten in kochendem Salzwasser kochen. Abgießen und abkühlen lassen.

Haselnüsse
50 g

Sojasauce
1 Esslöffel

○ Die Zwiebel fein schneiden und bei schwacher Hitze 10 Minuten in einem Esslöffel Olivenöl anschwitzen.

○ Die Linsen mit den Zwiebeln, den Nüssen und der Sojasauce, 2 Prisen gemahlenem Pfeffer und dem restlichen Öl pürieren.

Olivenöl
4 Esslöffel

Zwiebel
× 1

Dips

4

Brotaufstrich mit Spinat und Tofu

 In 10 Minuten vorbereitet

 10 Minuten Kochzeit

 Für 4 Personen

Spinat
250 g

Cashewkerne
20 g

○ Den Spinat waschen und entstielen. 10 Minuten in Dampf garen. Abtropfen lassen und leicht pressen, um möglichst viel Wasser zu entfernen.

○ Mit den Cashewkernen, der Sojasauce, dem Seidentofu und dem Öl pürieren. Gut gekühlt servieren.

Seidentofu
75 g

Sojasauce
1 Teelöffel

Olivenöl
2 Esslöffel

Brotaufstrich mit Cashewkernen

 In 10 Minuten vorbereitet

 12 Stunden Ruhezeit

 Für 6 Personen

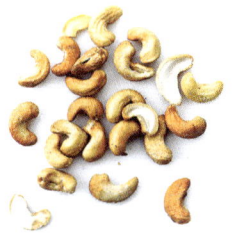

Cashewkerne
125 g

Zitrone
× ½

○ Die Cashewkerne 12 Stunden in einer großen Schale mit kaltem Wasser einweichen. Abgießen.

○ Die Cashewkerne mit dem Zitronensaft und 4 Esslöffeln Wasser, 2 Prisen Salz und gemahlenem Pfeffer pürieren.

Dill
× 2 Stiele

Sojasauce
1 Teelöffel

○ Auf 3 Schalen verteilen. In die erste Schale den gezupften Dill geben, in die zweite die Sojasauce und in die dritte die Gewürze.

○ Mischen und servieren.

Gewürze (nach Wahl)
1 Teelöffel

Tofu-Dip mit Dill

Seidentofu
200 g

Zitrone
× 1

 In 10 Minuten vorbereitet

 Ohne Kochen

 Für 4 Personen

Schalotte
× 1

Olivenöl
1 Esslöffel

○ Den Dill waschen und zupfen. Die Zitrone pressen. Die Schalotte fein schneiden.

○ Den Seidentofu mit dem Zitronensaft, dem Dill, dem Olivenöl, dem Paprika, 1 Prise Salz und gemahlenem Pfeffer pürieren.

○ Gekühlt servieren.

Dill
× 4 Stiele

Paprikapulver
× 1 Prise

Terrine mit Champignons

 In 20 Minuten vorbereitet

 **2 Stunden Ruhezeit
15 Minuten Kochzeit**

 Für 6 Personen

Champignons
250 g

geräucherter Tofu
100 g

Seidentofu
250 g

Agar-Agar
2 g

Schalotte
× 1

Portwein
1 Esslöffel

○ Die Schalotte fein schneiden. Die Champignons vierteln.

○ 10 Minuten bei schwacher Hitze in etwas Fett anschwitzen. Den in Würfel geschnittenen Tofu hinzugeben. 5 weitere Minuten garen lassen.

○ Den Seidentofu und das Agar-Agar pürieren. 2 Minuten unter Umrühren aufkochen lassen. Mit den Champignons, dem Tofu, der Schalotte, dem Portwein, 2 Prisen Salz und Pfeffer pürieren.

○ In eine Terrine gießen, abkühlen lassen, dann 2 Stunden kaltstellen.

Dip mit Paprika und Zwiebeln

 In 10 Minuten fertig

 Ohne Kochen

 Für 4 Personen

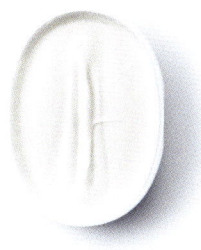

Rahmkäse
250 g

Paprikapulver
1 Esslöffel

○ Die Frühlingszwiebeln in feine Scheiben schneiden.

○ Den Käse mit dem Paprikapulver mischen und die Frühlings-zwiebeln hinzugeben.
1 Stunde kühlstellen.

Frühlingszwiebeln
× 2

Zaziki mit Granatapfel

 In 30 Minuten vorbereitet

 5 Minuten Kochzeit

 Für 4 Personen

Granatapfel
× ½

griechischer Joghurt
40 cl

Frühlingszwiebeln
× 2

Koriander
4 Zweige

Kümmel
½ Teelöffel

Chilipulver
1 Prise

○ Den getrockneten Kümmel ein paar Minuten in einer beschichteten Pfanne ohne Öl rösten. Den Koriander hacken, die Frühlingszwiebeln in dünne Scheiben schneiden.

○ Den Granatapfel auf der Arbeitsfläche rollen und dabei leicht mit der Handfläche andrücken. Halbieren und die Kerne entnehmen.

○ Joghurt, Granatapfelkerne (nicht alle), Koriander und Frühlingszwiebeln vermengen. Großzügig salzen und pfeffern, Kümmel und Chilipulver hinzugeben. Einen Esslöffel Olivenöl darübergießen. Kühlstellen.

Auberginen-Kaviar

 In 20 Minuten vorbereitet

 45 Minuten Kochzeit

 Für 4 Personen

Auberginen
× 4

Knoblauch
2 Zehen

Olivenöl
8 cl

Kümmelpulver
½ Teelöffel

Zitrone
× ½

Chilipulver
1 Prise

○ Knoblauch schälen und halbieren. Die Zitrone pressen.

○ Den Grill im Ofen aufheizen. Die Haut der Auberginen für 30-45 Minuten anbräunen, dabei regelmäßig drehen. Abkühlen lassen und dann das Fleisch mit einem Löffel herausschälen.

○ Gegebenenfalls abgießen und mit Kümmel, Olivenöl, Zitronensaft und Knoblauch mischen. Salzen und pfeffern.

○ Bis zum Servieren in den Kühlschrank stellen, dann mit einer Prise Chilipulver bestreuen.

Feta-Creme

 In 20 Minuten fertig

 Ohne Kochen

 Für 4 Personen

Feta
300 g

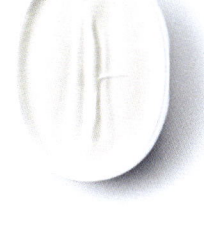

Rahmkäse
100 g

○ Die halbe Zitrone pressen. Den
Feta in eine Schüssel geben und
mit kaltem Wasser bedecken.

○ 30 Minuten einweichen lassen,
um das Salz herauszuziehen.
Abgießen und dann zerkrümeln.

Crème Fraîche
2 Esslöffel

Olivenöl
4 Esslöffel

○ Feta, Käse und Crème Fraîche,
4 Esslöffel Olivenöl und 1 Esslöffel Zitronensaft vermischen.

○ 1 Stunde in den Kühlschrank
stellen. Mit geröstetem Brot
servieren.

Zitrone
× ½

Super-Salsa für Nachos

Tomaten
x 6

Frühlingszwiebeln
x 1

 Vorbereitet in 15 Minuten

 Ohne Kochen oder Backen

 Für 6 Personen

Peperoni
x 1

Koriander
x ½ Bund

○ Die Tomaten in sehr kleine Würfel schneiden. Die Peperoni halbieren, die Kerne entfernen und in sehr kleine Stücke schneiden. Die Zwiebel schälen und sehr fein hacken. Die Zitrone pressen. Den Koriander spülen, abtropfen lassen und hacken. Die Mango schälen und in kleine Würfel schneiden.

○ Tomaten, Zwiebel, Mango und Koriander mischen. Salzen und pfeffern.

○ Ein wenig Peperoni und den Saft der grünen Zitrone hinzufügen und vermischen. Abschmecken und bei Bedarf Zitronensaft und Peperoni hinzufügen.

grüne Zitrone
x 1

Mango
x 1

Frische Chutney-Sauce

 In 5 Minuten vorbereitet

 Ohne Kochen

 Für 4 Personen

Koriander
× 1 Bund

geraspelte Kokosnuss
1 Esslöffel

Ingwer
1 cm

Zucker
1 Teelöffel

Joghurt
150 g

Kokosmilch
2 Esslöffel

○ Den Ingwer fein reiben.
Den Koriander zupfen.

○ Alle Zutraten mit Salz und Pfeffer
vermischen.

○ Mit Pasteten, Vegetarischer
Hackbraten oder auch mit
Brühe und Nudeln servieren.

SNACKS

Express-Falafel

 In 20 Minuten vorbereitet

 25 Minuten Kochzeit

 Für 13 Falafel

gekochte Kichererbsen
1 kleine Dose

Bund Petersilie
x ½

○ Den Ofen auf 200 °C vorheizen. Die Kichererbsen abtropfen lassen und trocknen. Den Knoblauch schälen und pressen. Die Blätter der Petersilie abzupfen.

Knoblauch
x 1 Zehe

Olivenöl
1 Schuss

○ Die Kichererbsen, den Knoblauch, den Kümmel, die Petersilienblätter, Salz und Pfeffer grob mischen, um eine nicht zu feine Mischung zu erhalten.

○ In den Handflächen leicht abgeplattete Bällchen formen. Jedes Falafel mit Olivenöl begießen. Auf ein mit Backpapier belegtes Backblech legen und 25 Minuten in den Ofen geben, bis sie leicht goldbraun sind.

Kümmelpulver
1 Esslöffel

Gemüsewürfel

Lauch
× 1

Zucchini
× 1

 In 20 Minuten vorbereitet

 **2 Stunden 30 Minuten,
Ruhezeit, 12 Minuten Kochzeit**

 Für 6 Personen

Miso
1 Esslöffel

Agar-Agar
4 g

○ Die Zucchini und den Lauch der Länge nach in Viertel schneiden.

○ Zugedeckt in 500 ml Wasser mit der Miso 10 Minuten kochen lassen. Das Gemüse herausnehmen und abtropfen lassen.

○ Das abgekühlte Kochwasser mit dem Agar-Agar mischen und 2 Minuten kochen.

○ In eine Terrine abwechselnd Gemüsestücke, geschnittene Kräuter, das angedickte Kochwasser schichten, pfeffern und salzen. Abkühlen lassen, dann 2 Stunden kaltstellen.

Kerbel
× ½ Bund

Estragon
× ½ Bund

Rote-Bete-Chips

 In 10 Minuten vorbereitet

 1 Stunde Kochzeit

 Für 4 Personen

große Rote Bete
× 2

Olivenöl
2 Esslöffel

○ Den Ofen auf 110 °C vorheizen. Die Roten Beten schälen und mit dem Gemüsehobel schneiden.

○ Auf ein mit Backpapier ausgelegtes Blech legen, ohne sie zu stapeln. Mit Olivenöl bestreichen, mit Salz und gemahlenem Pfeffer bestreuen. Für 1 Stunde in den Ofen geben.

Fleur de Sel
2 Esslöffel

○ Auf dem Blech abkühlen lassen.

Knusprige Kichererbsen

 In 5 Minuten vorbereitet

 20 Minuten Kochzeit

 Für 4 Personen

Kichererbsen
aus der Dose
400 g

Currypulver
1 Esslöffel

O Den Ofen auf 180 °C vorheizen. Die Kichererbsen spülen, mit dem Olivenöl, den Kräutern und 2 Prisen Salz vermischen.

O 20 Minuten auf einem Blech in den Ofen geben. Abkühlen lassen.

Kreuzkümmelpulver
1 Esslöffel

Paprikapulver
1 Esslöffel

Olivenöl
2 Esslöffel

Frühlingsröllchen

 In 20 Minuten vorbereitet

 12 Minuten Kochzeit

Für 4 Personen

Reisblätter
× 8

Avocado
× 1

○ Den Reis nach den Packungsangaben kochen. Mit der Misopaste, den Zesten und dem Saft der Limetten vermischen, pfeffern.

Radieschen
× 1 Bund

brauner Reis
150 g

○ Die Radieschenblätter hacken, die Radieschen in Streifen schneiden. Die Avocado in Streifen schneiden, mit Zitrone beträufeln und würzen.

○ Ein Reispapier in warmem Wasser einweichen und dann auf ein feuchtes Tuch legen. Etwas Reis, Avocado, Radieschen und Blätter darauflegen, zusammenrollen.

helle Misopaste
1 Esslöffel

Limetten
× 2

○ Sauce darübergießen (siehe Rezept 61 und 62).

Essiggemüse

 In 15 Minuten vorbereitet

 3 Minuten Kochzeit

 Für 4 Personen

rohes Gemüse
250 g

Weißweinessig
15 cl

Zucker
2 Esslöffel

Gewürz
½ Teelöffel

○ Gemüse Ihrer Wahl waschen und trocknen: Radieschen, Karotten, Sellerie usw. in kleine Würfel schneiden. Zusammen mit den Gewürzen in ein Weckglas geben.

○ Essig und Zucker in einem Topf zum Sieden bringen und sofort über das Gemüse gießen.

○ Das Weckglas luftdicht verschließen und 12 Stunden auf den Kopf stellen. Am nächsten Tag probieren.

Gefüllte Veggie-Tomaten

 In 20 Minuten vorbereitet

 1 Stunde Ruhezeit
2 Minuten Kochzeit

 Für 6 Personen

Strauchtomaten
× 6

Seidentofu
150 g

Frühlingszwiebel
× 1

Minze
× 6 Blätter

schwarze Oliven
× 6

Agar-Agar
1 g

○ Die Tomaten halbieren und aushöhlen. Die Zwiebel fein schneiden, die Oliven entsteinen und hacken, die Minze mit der Schere schneiden.

○ Den Tofu mit dem Agar-Agar vermischen, 2 Minuten sprudelnd aufkochen.

○ Mit der Zwiebel, den Oliven, der Minze, 1 Prise Salz und Pfeffer mischen.

○ Die Tomatenhälften füllen, abkühlen lassen und 1 Stunde kaltstellen. Gekühlt servieren.

Kroketten mit Blumenkohl

 In 15 Minuten vorbereitet

 15 Minuten Ruhezeit
50 Minuten Kochzeit

 Für 6 Personen

Hirse
200 g

Blumenkohl
250 g

Currypulver
2 Esslöffel

Knoblauch
× 1 Zehe

Gemüsebrühe
× 1 Würfel

Olivenöl
4 Esslöffel

○ Den Ofen auf 200 °C vorheizen. Den gehackten Knoblauch mit dem Curry und der Hirse 3 Minuten anschwitzen.

○ Den Brühwürfel und 750 ml Wasser hinzugeben. Aufkochen und 10 Minuten bei geschlossenem Deckel und schwacher Hitze köcheln lassen.

○ Den Blumenkohl hinzugeben und weitere 10 Minuten garen. Vom Herd nehmen und 15 Minuten zugedeckt ruhen lassen.

○ Fladen mit 7 cm Durchmesser formen, auf ein mit Backpapier ausgelegtes Blech legen und 30 Minuten in den Ofen geben.

Grünkohl-Chips

 In 10 Minuten vorbereitet

 30 Minuten Kochzeit

 Für 4 Personen

Grünkohl
× 6 große Blätter

Olivenöl
2 Esslöffel

Sesamkörner
1 Esslöffel

Garam Masala
1 Teelöffel

○ Den Ofen auf 110 °C vorheizen. Die Blätter vom Grünkohl reißen. Mit dem Olivenöl, dem Garam Masala, den Sesamkörnern und 2 Prisen Salz vermengen.

○ Auf ein mit Backpapier ausgelegtes Blech legen, ohne sie zu stapeln. Für 30 Minuten in den Ofen geben.

○ Auf dem Blech abkühlen lassen.

Avocadowürfel

In 15 Minuten vorbereitet

2 Stunden Ruhezeit
2 Minuten Kochzeit

Für 4 Personen

Avocados
× 2

Sojamilch
300 ml

○ Die Avocados schälen, den Kern entfernen. Die Zitrone pressen.

Agar-Agar
2 g

Zitrone
× 1

○ Die Sojamilch und das Agar-Agar in einem Topf mischen. 2 Minuten unter Rühren kochen lassen. Mit den Avocados, dem Zitronensaft, dem Kümmel, 2 Prisen Salz und Pfeffer pürieren.

○ In eine Form gießen, abkühlen lassen, dann 2 Stunden kalt-stellen.

Kreuzkümmelpulver
2 Prisen

Sesamkörner
4 Esslöffel

○ Aus der Form nehmen und in Würfel schneiden. In Sesamkör-nern wälzen. Gekühlt servieren.

Maistaler

 In 15 Minuten vorbereitet
10 Minuten Ruhezeit

 10 Minuten Kochzeit

Für 8 Stück

Mais
200 g

Polenta
55 g

Eier
x 1 ganzes + 1 Eiweiß

Frühlingszwiebeln
x 3

saure Sahne
150 g

Koriander
2 Stiele

○ Die Zwiebeln hacken. Ein paar 1 Blätter Koriander aufbewahren und den Rest in feine Streifen schneiden. Das Ei und das Eiweiß mit der Polenta schlagen, salzen und pfeffern. Die Maiskörner hinzugeben und 10 Minuten warten. Den gehackten Koriander und die Hälfte der Zwiebeln hinzugeben.

○ 2 Esslöffel Öl in einer Pfanne erhitzen. Die Teigtaler hineingeben und 2 – 3 Minuten anbraten. Umdrehen und 10 Sekunden von der anderen Seite anbraten.

○ Einen Klacks saure Sahne, Frühlingszwiebeln und Koriander hinzugeben.

Gebackene Champignons

 In 15 Minuten vorbereitet

 15 Minuten Kochzeit

 Für 4 Personen

Champignons (groß)
300 g

Panko-Flocken
50 g

Ei
x 1

Thymian
x 10 Stiele

○ Die Stiele der Champignons entfernen. Den Parmesan reiben. Die Eier leicht aufschlagen. Den Ofen auf 220 °C vorheizen.

○ Den Thymian, die Panko-Flocken (japanisches Paniermehl), den Parmesan und das Öl in einen tiefen Teller geben, salzen und pfeffern. Die Champignons mit Öl benetzen, dann in der PankoZubereitung wälzen, sodass sie daran haften bleibt.

○ Auf ein mit Backpapier belegtes Backblech legen und für 10 – 15 Minuten in den Ofen geben, bis sie knusprig sind.

Parmesan
35 g

Olivenöl
2 Esslöffel

Frikadellen mit Gemüse und Linsen

 In 15 Minuten vorbereitet

 30 Minuten Kochzeit

 Für 4 Personen

grüne Linsen
150 g

Minze
× 6 Stiele

○ Den Ofen auf 180 °C vorheizen. Die Linsen nach Packungsangabe kochen.

○ Mit Salz, Pfeffer, Minze und den Zwiebeln mischen. Das Mehl und das Tomatenmark hinzugeben.

Tomatenmark
1 Esslöffel

Mehl
50 g

○ Frikadellen formen. Mit dem Öl begießen und bei 180 °C 10 Minuten im Ofen garen lassen.

○ Mit dem Tomatenreis, dem Beilagengetreide und einer der Saucen servieren (siehe Rezept 11 und 13).

Frühlingszwiebeln
× 3

Olivenöl
3 Esslöffel

SUPPEN

Kastanien und Knollensellerie-Suppe

 In 20 Minuten vorbereitet

 25 Minuten Kochzeit

 Für 4 Personen

gekochte Kastanien
200 g

Knollensellerie
550 g

Zwiebel
x 1

Gemüsebrühe
1 l

Petersilie
x 3 Stiele

○ Die Sellerieknolle schälen und in Würfel schneiden. Die Zwiebel schälen und in dünne Scheiben schneiden. Die Petersilie waschen und in große Stücke schneiden.

○ Die Brühe in einem großen Topf mit dem Knollensellerie aufkochen und 20 Minuten sieden lassen. 5 Minuten vor Ende der Kochzeit die Kastanien hinzugeben.

○ Mit 400 ml Brühe mixen, salzen, pfeffern. Nach und nach Brühe hinzufügen, um die gewünschte Konsistenz zu erhalten.

○ In Schalen gießen. Mit Petersilie und in Würfel geschnittenen Kastanien bestreuen.

Veggie-Pho

 In 15 Minuten vorbereitet

 10 Minuten Kochzeit

 Für 4 Personen

Gemüsebrühe
1 l

Reisbandnudeln
150 g

○ Die Nudeln nach den Packungs-angaben kochen.

○ Die Zucchini kleinschneiden und 3 Minuten in der heißen Brühe garen. Die Erbsen hinzugeben und weitere 2 Minuten garen.

Schnittlauch
× ½ Bund

Erbsen
200 g

○ Den Schnittlauch fein hacken.

○ Die Nudeln auf 4 Schalen vertei-len und die sehr heiße Brühe mit den Zucchini und den Erbsen darübergießen. Mit Schnittlauch und Scheiben der Limette garnieren.

Limette
× 1

kleine Zucchini
× 2

Suppe mit Grünkohl und Basilikum

 In 10 Minuten vorbereitet

 25 Minuten Kochzeit

 Für 4 Personen

Grünkohl
500 g

Basilikum
x 10 Blätter

Karottengrün
100 g

Gemüsebrühe
1 l

geriebener
x 1 kleine Handvoll

Brot
x 4 kleine Scheiben

○ Die Karotten waschen. Die ersten Blätter des Kohls entfernen und den Rest in große Stücke schneiden.

○ Die Brühe mit den Karotten in einem großen Topf aufkochen. Den Kohl hinzufügen und ca. 20 Minuten bei mittlerer Hitze sieden lassen.

○ Salzen, pfeffern. Brotscheiben beigeben und mit Gruyère (Greyerzer) und Basilikumblättern bestreuen.

Avocado-Suppe, Zitrone und Kümmel

 In 15 Minuten vorbereitet

 Ohne Kochen
2 Stunden im Kühlschrank

 Für 4 Personen

Gurken
x 2

Avocados
x 2 kleine

grüne Zitrone
x 1

Kümmelpulver
1 Teelöffel

Minze
x 3 Stiele

Olivenöl
1 Schuss

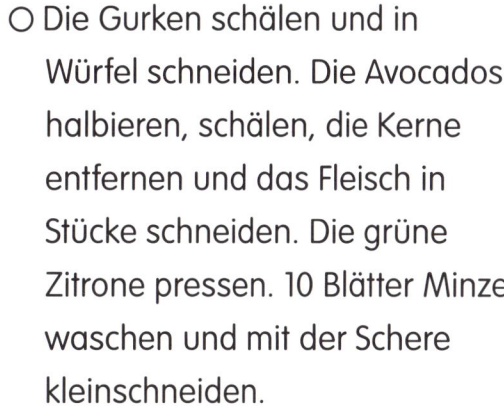

○ Die Gurken schälen und in Würfel schneiden. Die Avocados halbieren, schälen, die Kerne entfernen und das Fleisch in Stücke schneiden. Die grüne Zitrone pressen. 10 Blätter Minze waschen und mit der Schere kleinschneiden.

○ Die Gurken und die Avocados in einem Mixer vermengen, den Zitronensaft, den Kümmel und die Minze hinzugeben. 350 ml Wasser hinzugießen und nach und nach die gewünschte Konsistenz herstellen. 2 Stunden in den Kühlschrank stellen.

○ In Schalen verteilen und Minze und Olivenöl hinzufügen.

Miso-Suppe mit Spargel

 In 10 Minuten vorbereitet

 10 Minuten Kochzeit

 Für 4 Personen

Miso-Würfel
60 g

grüner Spargel
x 12

Eier
x 4

Schnittlauch
x ½ Bund

Reisnudeln
150 g

Knoblauch
x 1 Zehe

○ Die Eier 7 Minuten kochen. Schälen und die halbierten Eigelbe aufbewahren. Den Schnittlauch waschen und mit der Schere fein schneiden. Den Knoblauch schälen und in kleine Stücke schneiden. Den Spargel unten abschneiden und bis zum Kopf schälen. Der Länge nach halbieren.

○ 1 l Wasser mit dem Miso zum Kochen bringen (mehr Miso für einen stärkeren Geschmack hinzufügen). Die Nudeln und den Spargel hinzufügen und dann 5 Minuten kochen lassen. Salzen und pfeffern.

○ Mit dem Eigelb und dem Schnittlauch in Schalen gießen.

Brühe mit Bohnen

In 15 Minuten vorbereitet

25 Minuten Kochzeit

Für 4 Personen

weiße Bohnen in der Dose

Rosenkohl
300 g

Gemüsebrühe
1 l

Zwiebel
x 1 große

Olivenöl
2 Schuss

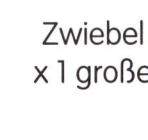

Petersilie
x 4 Stiele

○ Die Zwiebel schälen und in dünne Scheiben schneiden. In einer Pfanne mit einem Schuss Olivenöl 10 Minuten bei mittlerer Hitze anbraten. Zur Seite legen.

○ In derselben Pfanne den Rosenkohl mit einem Schuss Olivenöl anbräunen. Salzen und pfeffern.

○ Die Brühe in einem großen Topf aufkochen. Den Kohl und die abgetropften weißen Bohnen hinzugeben und 5 Minuten sieden lassen. Salzen und pfeffern.

○ In Schalen verteilen und mit Zwiebeln und Petersilie dekorieren.

Sämige Suppe mit gebackenem Blumenkohl

 In 15 Minuten vorbereitet

 35 Minuten Kochzeit

 Für 4 Personen

großer Blumenkohl
× 1

große Zwiebel
× 1

Knoblauch
× 6 Zehen

Milch
60 cl

Olivenöl
6 Esslöffel

Gemüsebrühe
× 1 Würfel

○ Die Zwiebel in feine Scheiben, den Blumenkohl in Stücke schneiden.

○ Den Ofen auf 200 °C vorheizen. Das ganze Gemüse mit dem Öl mischen. Salzen und pfeffern. Auf einem Backblech ausbreiten und für 30 Minuten in den Ofen geben. Ab und zu wenden.

○ Die Haut vom Knoblauch abziehen. Das Ganze in einen Topf geben. Die Milch, 50 cl Wasser und den Brühwürfel hinzugeben. 5 Minuten leicht sieden lassen.

○ Mixen. Probieren und nach Geschmack würzen.

Pastinake Suppe

 In 10 Minuten vorbereitet

 30 Minuten Kochzeit

 Für 4 Personen

Pastinake
700 g

große Zwiebel
× 1

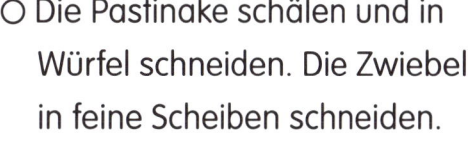

○ Die Pastinake schälen und in Würfel schneiden. Die Zwiebel in feine Scheiben schneiden.

○ Das Öl in einem Topf erhitzen und das Gemüse zugedeckt 15 Minuten anschwitzen. Würzen, ab und zu umrühren.

○ 1,2 Liter Wasser, den Thymian und den Brühwürfel hinzugeben. 15 Minuten leicht sieden lassen.

○ Mixen. Probieren und nach Geschmack würzen. Mit den Pastinakenchips und ein paar Thymianblättern bestreut servieren.

Olivenöl
3 Esslöffel

Thymian
3 Stiele

Gemüsebrühe
× 1 Würfel

Pastinakenchips
× 1 Packung

Suppe mit Linsen, Parmesan und Pesto

 In 10 Minuten vorbereitet

 30 Minuten Kochzeit

 Für 4 bis 6 Personen

Linsen
300 g

Tomaten
× 4

Karotten
× 3

Pesto
3 Esslöffel

Parmesan
50 g

○ Die Linsen unter fließendem Wasser abspülen. Die Tomaten waschen und in kleine Stücke schneiden.

○ Die Karotten schälen und in Scheiben schneiden.

○ Alle Zutaten außer dem Pecorino in einen Schmortopf geben. Aufkochen lassen. Bei schwacher Hitze und geschlossenem Deckel 30 Minuten kochen lassen.

○ Das Pesto und den geriebenen Parmesan vor dem Servieren hinzufügen. Mit Vollkornbrot servieren.

Risoni mit Tomaten

 In 5 Minuten vorbereitet

 20 Minuten Kochzeit

 Für 4 bis 6 Personen

Risoni
100 g

Gehackte Tomaten
800 g

Mascarpone
250 g

Blattspinat
400 g

Knoblauchzehen
× 3

Olivenöl
2 Esslöffel

○ Die Knoblauchzehen schälen und halbieren. Den Blattspinat waschen.

○ Das Öl in einem Schmortopf erhitzen, die Knoblauchzehen hinzufügen und bei mittlerer Hitze andünsten, ohne sie zu bräunen. Die Tomaten, die Risoni und 1 Glas Wasser hinzufügen. Bei schwacher Hitze 15 Minuten kochen lassen.

○ Nach dem Kochen den Mascarpone und den Blattspinat hinzugeben. Mischen und weitere 2 Minuten dünsten lassen. Salzen und pfeffern.

Nudelsuppe mit Zucchini

Zucchini
x 2

Zwiebel
x 1

 In 5 Minuten vorbereitet

 10 Minuten Kochzeit

 Für 4 Personen

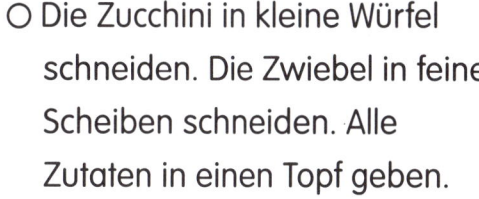

Schmelzkäse
„Vache qui rit®"
4 Portionen

Buchstabennudeln
100 g

○ Die Zucchini in kleine Würfel schneiden. Die Zwiebel in feine Scheiben schneiden. Alle Zutaten in einen Topf geben.

○ 1 Teelöffel Salz und 750 ml Wasser hinzufügen.

○ Zum Kochen bringen und dann ca. 5 Minuten kochen lassen.

Gemüsebrühe
1 Würfel

Kürbis Suppe mit weißen Bohnen

 In 10 Minuten vorbereitet

 25 Minuten Kochzeit

 Für 4 bis 6 Personen

Hokkaidokürbis
500 g

Weiße Bohnen
in der Dose
400 g

○ Den Hokkaidokürbis waschen. Halbieren, die Kerne entfernen, das Fruchtfleisch in große Würfel schneiden. Die Bohnen abspülen.

Tomatenpüree
750 ml

Kräutersträußchen
„Bouquet Garni"
× 1

○ Alle Zutaten (außer dem Mascarpone) in einen Schmortopf geben. Mit Wasser aufgießen, bis alle Zutaten bedeckt sind, und 30 Minuten kochen lassen.

○ Mit einem Stabmixer pürieren. Den Mascarpone hinzufügen und servieren.

Mascarpone
200 g

Minestrone mit Conchigliette

 In 10 Minuten vorbereitet

 10 Minuten Kochzeit

 Für 4 Personen

Conchigliette
150 g

Gemüsebrühe
× 1 Würfel

weiße Bohnen im Glas
200 g

Karotte
× 1

Zucchini
× 1

Stangensellerie
× 2 Stangen

○ Die Karotte und die Zucchini in Würfel schneiden. Den Sellerie fein schneiden, die weißen Bohnen spülen und abgießen.

○ Alle Zutaten in einen Schmortopf geben. 1,3 l Wasser hinzugeben und aufkochen.

○ Die Hitze herunterdrehen und etwa 7 Minuten weitergaren. Würzen.

○ Gegebenenfalls Kräuter der Saison nach Geschmack hinzugeben.

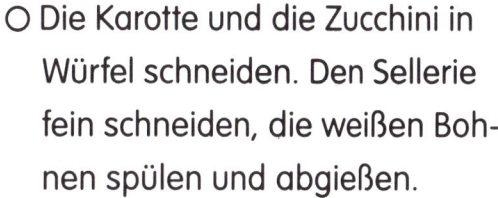

Indische Suppe

 In 15 Minuten vorbereitet

 20 Minuten Kochzeit

 Für 4 Personen

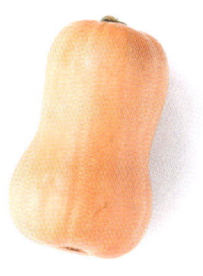

Butternut-Kürbis
150 g

große Kartoffeln
× 2

Stangensellerie
× 4 Stangen

Zwiebel
× 1

Garam Masala
1 Esslöffel

Kokosmilch
400 ml

○ Den Kürbis und die geschälten Kartoffeln in kleine Würfel schneiden. Den Sellerie in feine Scheiben schneiden und die Zwiebel klein schneiden.

○ 3 Esslöffel Sonnenblumenöl in einem Schmortopf erhitzen. Die Zwiebel mit dem Garam Masala und 1 Teelöffel Salz anschwitzen.

○ Die Kartoffeln und 300 ml Wasser hinzugeben. Aufkochen, 5 Minuten ziehen lassen, dann die Kokosmilch hinzugeben. Den Butternut-Kürbis und den Sellerie hinzugeben. 5 Minuten ziehen lassen. Probieren, den Gargrad des Gemüses prüfen und würzen.

Ravioli mit rotem Curry

 In 15 Minuten vorbereitet

 20 Minuten Kochzeit

 Für 4 Personen

frische Ravioli
250 g

rote Currypaste
100 g

Frühlingszwiebeln
x 2

Zucchini
x 1 große

schwarze Sesamsamen
2 Esslöffel

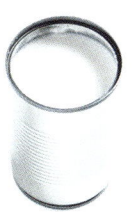

Kokosmilch
500 ml

○ Die Frühlingszwiebeln waschen und in kleine Stücke schneiden. Die Sesamsamen 3 – 4 Minuten in einer Pfanne ohne Öl rösten. Die Zucchini waschen und in Stücke von ca. 5 x 2 x 1 cm schneiden.

○ 400 ml Wasser mit der Hälfte der roten Curry-Paste in einem großen Topf aufkochen. Die Kokosmilch und die Zucchini hinzugeben. Abschmecken und bei Bedarf Curry-Paste hinzufügen. 10 Minuten bei schwacher Hitze sieden lassen. Die Ravioli hinzufügen und noch 5 Minuten kochen lassen.

○ Die Zwiebeln hinzufügen, salzen, pfeffern und mit Sesamsamen bestreuen.

Gazpacho

 In 20 Minuten vorbereitet

 Ohne Kochen oder Backen

 Für 2 Personen

Tomaten
× 6

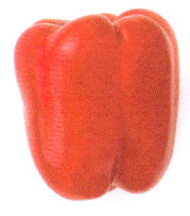

rote Paprika
× 1

Zwiebel
× 1

Croûtons
× 12

Gurke
× 1

Olivenöl
3 Esslöffel

○ Die Tomaten 30 Sekunden in einen Topf mit heißem Wasser geben.

○ Die Zwiebel, die Gurke und die Tomaten schälen und in Stücke schneiden. Die Kerne und die weißen Teile der Paprika entfernen und die Paprika dann in Stücke schneiden.

○ Das Ganze in einem Mixer vermischen. Öl, Salz, Pfeffer und gegebenenfalls Wasser hinzufügen. In den Kühlschrank stellen. Mit Croûtons und Eiswürfeln servieren.

Tomatensuppe

 In 10 Minuten vorbereitet

 25 Minuten Kochzeit

 Für 4 Personen

Tomaten
500 g

Zwiebel
x 1

○ Die Tomaten und die Zwiebel hacken. Das Basilikum mit einer Schere schneiden. Öl in einem Topf erhitzen und für 5 Minuten die Zwiebel hinzugeben.

Olivenöl
2 Esslöffel

Basilikum
1 kleiner Bund

○ Die restlichen Zutaten hinzugeben, 1 Teelöffel Salz und 2 Prisen gemahlenen Pfeffer hinzufügen und mit 1 l Wasser aufgießen.

○ 20 Minuten kochen lassen, die Suppennudeln hinzugeben und noch 3 Minuten kochen lassen.

Gemüsebrühe
1 Würfel

Suppennudeln
50 g

Chinesische Suppe

 In 10 Minuten vorbereitet

 15 Minuten Kochzeit

 Für 4 Personen

Gemüsebrühe
1½ Liter

chinesische Ravioli
450 g

Ingwer
30 g

rote Peperoni
x 1

Zuckererbsen
125 g

Sojasauce
1 Esslöffel

○ Die Zuckererbsen abfädeln und halbieren. Den Ingwer schälen und in feine Streifen schneiden, ebenso wie die Peperoni. Die Brühe, den Ingwer und die Peperoni in einem Topf aufkochen. Die Ravioli hinzugeben und aufkochen lassen, dann die Hitze zurückdrehen und 4 Minuten sieden lassen.

○ Zum Schluss die Zuckererbsen hinzufügen und für 2 – 3 Minuten kochen, bis sie weich und die Ravioli gut durchgekocht sind. Die Sojasauce hinzufügen.

Libanesisches Taboulé

 In 10 Minuten vorbereitet

 Ohne Kochen

 Für 4 Personen

feiner Grieß
100 g

glatte Petersilie
× 2 Stiele

○ Die Petersilie waschen. Die Zwiebel fein schneiden, die Tomaten würfeln.

○ Mit dem Saft der Zitrone in eine Salatschüssel geben. Den Grieß, den Zitronensaft und das Olivenölhinzugeben. Vermischen und ein paar Minuten abkühlen lassen.

Zwiebel
× 1

reife Tomaten
× 2

○ Die Petersilie mit dem Hackmesser grob zerkleinern und dem Grieß hinzugeben. Salzen, pfeffern, vermischen.

○ 5 Minuten kühlstellen.

Olivenöl
60 ml

große Bio-Zitrone
× 1

Karotten, Quinoa und Feige

 In 10 Minuten vorbereitet

 10 Minuten Kochzeit

 Für 4 Personen

Karotten mit Kraut
× 6

Quinoa
150 g

○ Das Quinoa nach den Anweisungen auf der Packung kochen. Spülen, abgießen.

getrocknete Feigen
× 2

Koriander
½ Bund

○ Die Feigen in Würfel schneiden. Öl und Zitrone mischen, salzen und pfeffern.

○ Die Karotten schälen, dann mit einem Sparschäler feine Streifen daraus schneiden.

○ Das kalte Quinoa mit den Karotten, den Feigen und dem Koriander mischen. Die Sauce darübergießen, mischen. Probieren und nach Bedarf abschmecken.

Zitrone
× ½

Olivenöl
2 Esslöffel

Süßkartoffeln und Blau-schimmelkäse

 In 10 Minuten vorbereitet

 30 Minuten Kochzeit

 Für 4-6 Personen

Süßkartoffeln
× 2

reife Avocado
× 2

Rucola
200 g

Olivenöl
4 Esslöffel

Blauschimmelkäse
150 g

○ Den Ofen auf 210 °C vorheizen.

○ Die Süßkartoffeln schälen, in 0,5 cm dicke Scheiben schneiden und halbieren. In einer Schüssel mit dem Olivenöl mischen, salzen und pfeffern. Auf einem Backblech verteilen und für 30 Minuten in den Ofen geben, regelmäßig wenden. Abkühlen lassen.

○ Den Blauschimmelkäse in Streifen, die Avocado in Scheiben schneiden. Alle Zutaten mit dem Rucola mischen.

Grüne Bohnen und Orange

 In 8 Minuten vorbereitet

 7 Minuten Kochzeit

 Für 4 Personen

grüne Bohnen
600 g

Orangen
× 2

○ Die Bohnen 5-8 Minuten in kochendes Salzwasser geben. Abgießen und kurz in Eiswasser geben.

Pekannüsse
30 g

Balsamico-Essig
2 Esslöffel

○ Die Orangen schälen, in Scheiben schneiden und halbieren.

○ Öl, Essig und fein geschnittene Schalotte mischen. Salzen, pfeffern und über die Bohnen gießen. Orangen hinzugeben, mit gehackten Pekannüssen bestreuen.

Schalotte
× 1

Nussöl
2 Esslöffel

Linsen, Rote Bete und Kürbis

 In 15 Minuten vorbereitet

 35 Minuten Kochzeit

 Für 2 Personen

grüne Linsen
120 g

vorgekochte Rote Bete,
vakuumiert x ½

Hokkaidokürbis
450 g

Kerbel
x 1 Bund

Feta
x 15 Würfel

Olivenöl
1 Schuss

○ Den Ofen auf 200 °C vorheizen. Den Hokkaidokürbis waschen, halbieren und dann tranchieren. Auf ein mit Backpapier belegtes Backblech legen, mit Olivenöl beträufeln, salzen und pfeffern. Für 35 Minuten in den Ofen geben.

○ Die Linsen nach den Anweisungen auf der Verpackung kochen. Abgießen. Die Rote Bete in Würfel schneiden.

○ Die Linsen, die Rote Bete und die gebratenen Kürbisstreifen auf zwei Schalen verteilen. Den Feta zerkrümeln und den gezupften Kerbel darüberstreuen. Vinaigrette darübergießen (siehe Rezept 60).

Grünkohl und Cranberrys

 In 10 Minuten vorbereitet

 Ohne Kochen

 Für 4 Personen

Grünkohl
200 g

getrocknete Cranberrys
40 g

○ Die Blätter vom Grünkohl zupfen und die zu harten Stiele entfernen. 1 Minute lang intensiv mit Sojasauce einreiben.

Mandeln
20 g

Sojasauce
2 Esslöffel

○ Die Mandeln mit dem Messer grob hacken.

○ Grünkohl, Mandeln und Cranberrys vermischen. Die Tahini-Sauce und das Kurkuma-Pulver hinzufügen.

○ Über den Salat gießen und vor dem Servieren durch-mischen.

Kurkuma-Pulver
1 Teelöffel

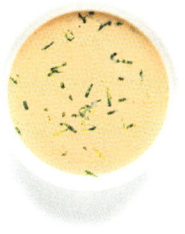

Tahini-Sauce (Rezept 61)
× 1

Roter Salat

   In 15 Minuten vorbereitet

Ohne Kochen

Für 4 Personen

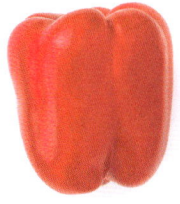

rote Paprika
× 1

Granatapfel
× ½

○ Die Granatapfelkerne auslösen. Den Apfel und die Paprika in

○ Stücke schneiden, die Zwiebel in sehr feine Scheiben schneiden.

roter Apfel
× 1

rote Zwiebel
× ½

○ Die Paprika, den Apfel, die Zwiebel und die Granatapfel- kerne mit den Basilikumblättern mischen.

○ Mit der Vinaigrette vermischt servieren.

Basilikum
8 Blätter

Vinaigrette (Rezept 60)
× 1

Kaki und Quinoa

 In 10 Minuten vorbereitet

 15 Minuten Kochzeit

 Für 4 Personen

Kaki
× 2

Koriander
6 Stiele

Frühlingszwiebel
× 1

Quinoa
100 g

Zitronensauce
(Rezept 62)
× 1

○ Das Quinoa in eine größere
Menge kalten Wassers geben,
zum Kochen bringen und
10 Minuten ziehen lassen.
Abgießen und abkühlen lassen.

○ Die Kakis mit der Haut in
Scheiben schneiden. Die
Frühlingszwiebel in feine
Scheiben, den Koriander
sehr fein schneiden.

○ Die Kaki-Scheiben mit der
Zwiebel, dem Quinoa und
dem Koriander mischen.

○ Vor dem Servieren die Sauce
darübergießen.

Sellerie und Gorgonzola

 In 15 Minuten vorbereitet

 Ohne Kochen

 Für 6 Personen

Stangensellerie
6 Stangen

Gorgonzola
100 g

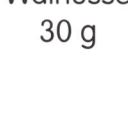

Walnüsse
30 g

Olivenöl
4 Esslöffel

○ Den Sellerie schälen und in feine Scheiben schneiden.

○ Den Gorgonzola in Stücke schneiden.

○ Den Sellerie mit Olivenöl, Balsamico-Essig, Muskatnuss, je 2 Prisen Salz und Pfeffer mischen.

○ Mit den Gorgonzolastücken und den Nüssen servieren.

Balsamico-Essig
2 Esslöffel

Muskatnuss
1 Prise

Fenchel, Ananas und Tofu

Fenchel
× 2

Karotten
× 3

 In 10 Minuten vorbereitet

 20 Minuten Kochzeit

 Für 4 Personen

○ Das Gemüse waschen, die Karotten schälen. Den Fenchel fein schneiden, die Karotten mit einem Sparschäler in feine Streifen schneiden. Den Tofu in Würfel schneiden.

Ananassaft
ohne Zucker
300 ml

geräucherter Tofu
125 g

○ Den Ananassaft in einen großen Schmortopf geben. Salzen, pfeffern und 10 Minuten einreduzieren lassen.

○ Nacheinander den Fenchel und den Tofu in dieser Reihenfolge hinzugeben und die Karottenstreifen darauflegen. 10 Minuten ohne Deckel garen lassen.

Koriander
× ½ Bund

○ Vorsichtig mischen, mit Korianderblättern servieren.

Taboulé mit Blumenkohl und Ananas

 In 15 Minuten vorbereitet

 Ohne Kochen

 Für 4 Personen

kleiner Blumenkohl
× 1

Ananas
× ½

Gurke
× ½

Zitrone
× ½

○ Die Ananas und die Gurke in kleine Würfel schneiden. Den Blumenkohl abspülen, die Röschen abzupfen und mit der Küchenmaschine mischen, um eine sämige Konsistenz zu erhalten.

○ Alle Zutaten zusammenmischen. Zitronensaft und gehackte Minze hinzufügen, salzen und pfeffern. Probieren und nach Geschmack würzen.

Minze
½ Bund

Olivenöl
3 Esslöffel

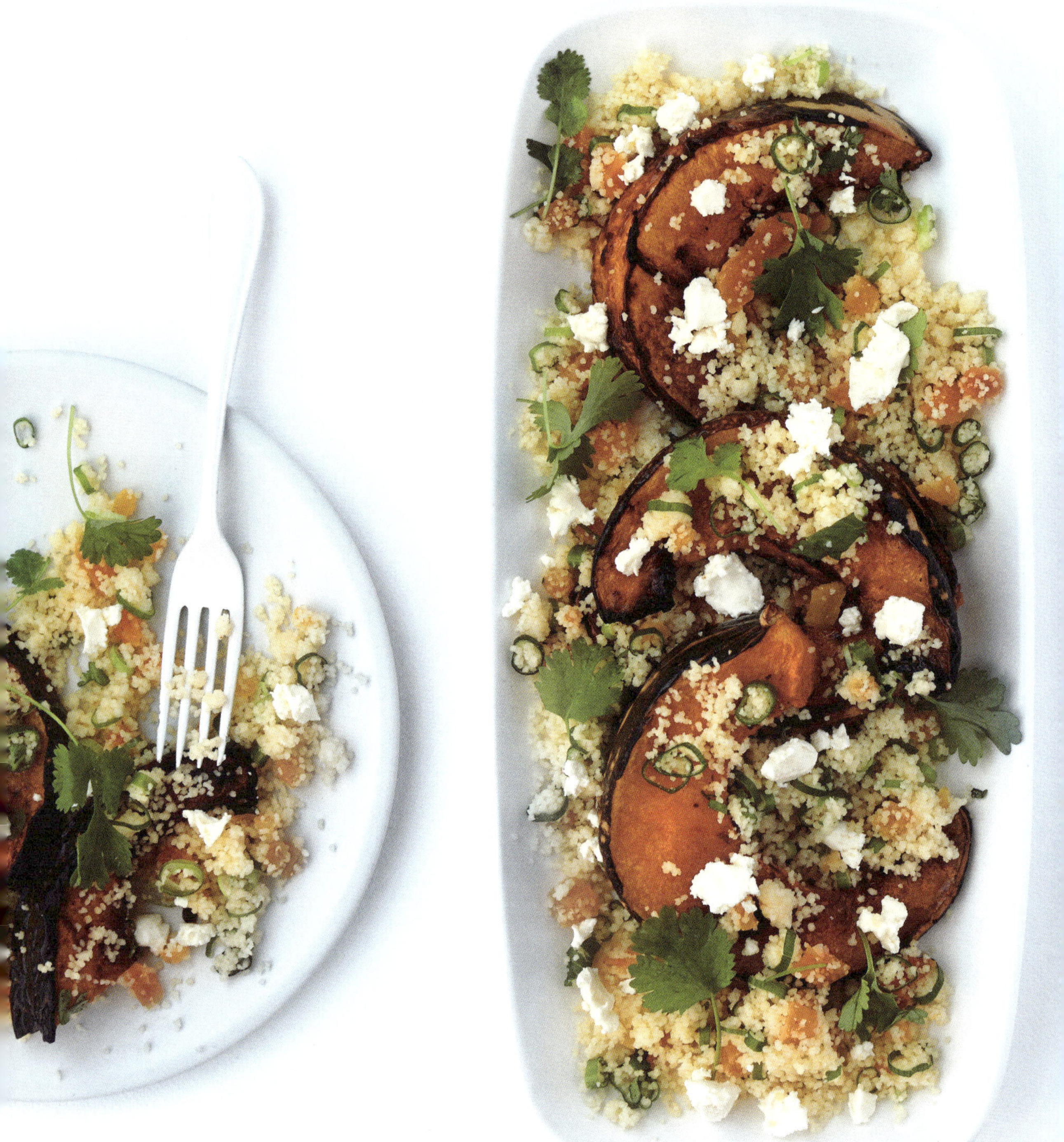

Couscous mit Kürbis

Flaschenkürbis
1½ kg

Couscous-Grieß
100 g

Feta
30 g

Frühlingszwiebeln
x 2

getrocknete Aprikosen
x 15

Koriander
x 1 Bund

 In 15 Minuten vorbereitet

 50 Minuten Kochzeit

 Für 4 Personen

○ Den Kürbis halbieren, die Kerne entfernen und in Stücke schneiden. Die Aprikosen, die Zwiebeln und den Koriander in feine Scheiben schneiden. Den Feta zerkrümeln. Den Ofen auf 200 °C vorheizen. Den Kürbis mit 1 Esslöffel Öl übergießen, salzen und pfeffern. 35 Minuten in den Ofen geben, nach der Hälfte der Zeit umdrehen.

○ In einer Schüssel 175 ml heißes Wasser über den Couscous geben, zudecken und 5 Minuten quellen lassen. Salzen, pfeffern, die Zwiebeln, die Aprikosen, den Feta, den Koriander und die Kürbisstücke hinzufügen.

Rosenkohl mit Schafskäse

 In 15 Minuten vorbereitet

 Ohne Kochen

 Für 4 Personen

Rosenkohl
300 g

Nüsse
20 g

○ Die ersten Blätter des Kohls entfernen. Den Kohl in feine Scheiben schneiden.

Schafskäse
70 g

Olivenöl
4 Esslöffel

○ Die Blätter vom Kerbel zupfen, die Nüsse grob zerkleinern, den Käse reiben.

○ Den fein geschnittenen Kohl mit Olivenöl übergießen. Je 2 Prisen Salz und Pfeffer hinzugeben, mischen.

○ Mit den Nüssen mischen und bestreut mit Kerbel und Käse servieren.

Kerbel
6 Stiele

Karotte-Spaghetti, Pesto und Koriander

 In 15 Minuten vorbereitet

 8 Minuten Kochzeit

 Für 4 Personen

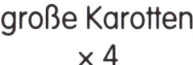

große Karotten
× 4

Naturjoghurt
× 2 Becher

○ Den Koriander waschen und zupfen. Die Karotten schälen und mit einem Spiralschneider Spaghetti daraus herstellen.

Koriander
× 1 Bund

Knoblauch
× 2 Zehen

○ Knoblauch, Joghurt, Koriander und den Saft der Limette vermischen. Würzen.

○ Die Spaghetti 5 bis 8 Minuten trocken in einer großen Pfanne garen. Vorsichtig umrühren.Sie müssen leicht knackig bleiben.

○ Vom Herd nehmen, das Pesto darübergeben, mischen, abschmecken. Mit Pinienkernen servieren.

geröstete Pinienkerne
2 Esslöffel

unbehandelte Limette
× ½

Coleslaw, Granatapfel und Sesam

 In 15 Minuten vorbereitet

 Ohne Kochen oder Backen

 Für 1 Person

Karotte
x 1

Weißkohl
x ¼

Granatapfel
x ½

Sesamsamen
2½ Esslöffel

○ Den Granatapfel halbieren und vorsichtig die Kerne heraus- nehmen. Die Karotte schälen und in feine Stifte schneiden. Den Kohl in feine Streifen schneiden. Die Zitrone pressen. Die Sesamsamen in einer Pfanne ohne Öl anrösten.

○ Den Kohl und die Karotte mischen. Den Zitronensaft, 2 Esslöffel Sesamsamen und einen Schuss Olivenöl hinzufü- gen. Salzen, pfeffern und gut vermischen.

○ In eine Schale geben, die Granatapfelkerne dazugeben und mit den restlichen Sesam- samen bestreuen.

Zitrone
x ½

Olivenöl
1 Schuss

Vinaigrette

 In 5 Minuten vorbereitet

 Ohne Kochen

 für 1 Portion

Senf mit ganzen Körnern
½ Esslöffel

Öl (nach Geschmack)
6 Esslöffel

○ Die Zutaten mit je 2 Prisen Salz und Pfeffer aufschlagen.

Weinessig
½ Esslöffel

Tahini-Sauce

 In 5 Minuten vorbereitet

 Ohne Kochen

 für 1 Portion

Tahini
2 Esslöffel

Limette
× 1

○ Von der Limette Zesten schaben und den Saft auspressen.

○ Mit dem Tahini, der Sojasauce und 3 Esslöffeln heißem Wasser aufschlagen.

Sojasauce
1 Esslöffel

Zitronensauce

 In 5 Minuten vorbereitet

 Ohne Kochen

 für 1 Portion

Zitrone
× 1

Olivenöl
6 Esslöffel

○ Die Petersilie und den Schnittlauch fein schneiden. Von der
Zitrone Zesten schaben und
den Saft auspressen.

Balsamico-Essig
½ Esslöffel

Ingwer
10 g

○ Den Ingwer schälen und reiben.
Den Saft und die Hälfte der
Zitronenzesten mit dem Olivenöl,
Balsamico-Essig, dem Ingwer,
der Petersilie, dem Schnittlauch
und je 2 Prisen Salz und Pfeffer
mischen.

Petersilie
× 2 Stiele

Schnittlauch
× 4 Stiele

FÜR DEN KLEINEN HUNGER

Salat, Birne und Roquefort

Endivien
× 5

Radicchio
× 1

 In 10 Minuten vorbereitet

 Ohne Kochen

 Für 4 Personen

Birnen
× 2

Roquefort
200 g

○ Den Strunk der Endivien und des Radicchios entfernen. Beschädigte Blätter entfernen. Die Endivien der Länge nach fein schneiden. Den Radicchio halbieren und dann fein schneiden. Die Birnen waschen, die Kerngehäuse entfernen und der Länge nach in Streifen schneiden.

○ Öl und Essig vermischen, salzen und pfeffern. Den Roquefort zerkrümeln. Alle Zutaten vorsichtig vermischen. Probieren, gegebenenfalls abschmecken.

○ Für einen verfeinerten Geschmack können Walnüsse oder Cranberries hinzugegeben werden.

Walnussöl
4 Esslöffel

Balsamicoessig
3 Esslöffel

Quinoa mit Champignons und Spinat

In 10 Minuten vorbereitet

20 Minuten Kochzeit

Für 4 Personen

Quinoa
200 g

Champignons
250 g

Spinat
300 g

geräucherter Tofu
200 g

Gemüsebrühe
1,2 l

Knoblauch
× 3 Zehen

○ Das Gemüse waschen. Die Champignons fein schneiden. Den Knoblauch pressen und den Tofu in Würfel schneiden.

○ Die Brühe, die Quinoa und den Knoblauch in einen großen Schmortopf geben. 15 Minuten garen lassen.

○ Die Champignons, den Tofu und den Spinat hinzugeben. Vermengen und gegebenenfalls etwas Wasser hinzugeben.

○ 5 Minuten zugedeckt weiterkochen lassen. Würzen.

Veggie-Bobun

 In 10 Minuten vorbereitet

 5 Minuten Kochzeit

 Für 4 Personen

Reisnudeln
150 g

Gurke
× ½

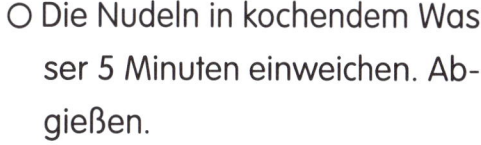

○ Die Nudeln in kochendem Wasser 5 Minuten einweichen. Abgießen.

Minze
× 8 Stiele

geröstete und gesalzene
Erdnüsse
2 Esslöffel

○ Die Gurke fein schneiden. Die Frühlingsröllchen 12 Minuten bei 180 °C im Ofen erhitzen.

○ Die Nudeln in Schalen verteilen, mit ein wenig Sauce würzen.

○ Die Schalen mit der Gurke, der Minze, den grob gehackten Erdnüssen, den geviertelten Frühlingsröllchen und der rest-lichen Sauce garnieren.

Sweet Chili-Sauce
8 Esslöffel

Gemüsefrühlingsröllchen
× 8 bis 12

Vegetarisches Donburi

 In 15 Minuten vorbereitet

 20 Minuten Kochzeit

 Für 4 Personen

Basmatireis
320 g

geräucherter Tofu
250 g

Teriyaki-Sauce
4 Esslöffel

Lauch
× 2 Stangen

Karotten
× 2

Olivenöl
2 Esslöffel

○ Den Lauch fein schneiden und in 1 Esslöffel Öl 10 Minuten bei schwacher Hitze anbraten.

○ Den Reis nach den Packungsangaben kochen

○ Den Tofu in Scheiben schneiden und in einem Esslöffel Öl anbraten. Die Karotten reiben.

○ Den Reis in Schalen verteilen und mit dem Tofu, dem Lauch, der Karotte und der Sauce servieren.

Buddhas Köstlichkeiten

 In 10 Minuten vorbereitet

 5 Minuten Kochzeit

 Für 4 Personen

Mungobohnennudeln
100 g

gemischte, frische
Champignons
250 g

Chinakohl
× 8 Blätter

Pflanzenöl
1 Esslöffel

Austernsauce
2 Esslöffel

Knoblauch
× 6 Zehen

○ Die Nudeln in warmem Wasser
einweichen, dann abgießen.
Den Kohl in gleichgroße Stücke
schneiden, den Knoblauch
fein schneiden.

○ Das Öl in einem Schmortopf
erhitzen und den Knoblauch
darin anschwitzen. Die Champignons, den Kohl und die
Nudeln hinzugeben, Pfeffern,
die Austernsauce darübergießen
und 50 ml Wasser hinzugeben.

○ Zugedeckt 5 Minuten garen.
Umrühren.

Maki mit Tofu und Avocado

 In 30 Minuten vorbereitet

 40 Minuten Ruhezeit
15 Minuten Kochzeit

 Für 4 Personen

Sushi-Reis
250 g

Reisessig
3 Esslöffel

○ Den Reis nach der Packungsangabe kochen. 10 Minuten ruhen lassen.

○ Den Essig und 2 Prisen Salz hinzugeben. Vorsichtig mischen, abkühlen lassen.

Nori-Blätter
× 4

geräucherter Tofu
100 g

○ Eine Schicht Reis auf den halbierten Nori-Blättern verstreichen. Einen Streifen Rucola-Blätter 2 cm vom Rand am unteren Rand des Blattes auflegen. Jeweils eine Reihe Tofustäbchen und Avocadostäbchen darauflegen.

○ Rollen und vor dem Schneiden 30 Minuten kühlen.

Avocado
× ½

Rucola
20 g

Nudeln Singapur

 In 5 Minuten vorbereitet

6 Minuten Kochzeit

Für 4 Personen

Glasnudeln
200 g

Frühlingszwiebeln
× 5

O Die Glasnudeln 15 Minuten in kaltem Wasser quellen lassen. Abgießen und mit der Schere klein schneiden.

Knoblauch
× 3 Zehen

Sojasauce
5 Esslöffel

O Die Zwiebeln in feine Scheiben schneiden und das Grün aufbewahren. Die Sojasauce, den Zucker und das Currypulver mischen. Den Knoblauch hacken.

O 5 Esslöffel Sonnenblumenöl in einem Bräter erhitzen.Zwiebeln und Knoblauch 30 Sekunden anschwitzen, dann die Sauce und die Glasnudeln hinzufügen. Vermischen und 5 Minuten ziehen lassen.

Currypulver
1 Esslöffel

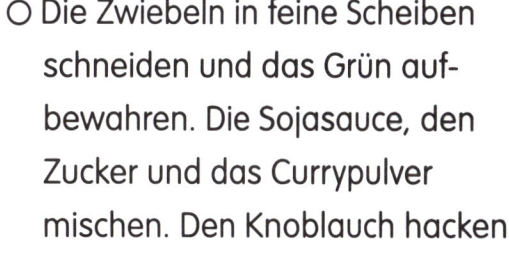

Zucker
1 gestrichener Esslöffel

O Currypulver, Zucker und Zwiebeln hinzufügen.

Soba mit Erdnusssauce

 In 10 Minuten vorbereitet

 5 Minuten Kochzeit

 Für 4 Personen

Soba
300 g

Erdnussbutter
100 g

○ Den Kohl fein schneiden.

○ Die Soba-Nudeln nach den Packungsanweisungen kochen. 100 ml vom Kochwasser aufbewahren. Mit kaltem Wasser abspülen, abgießen.

○ Die Erdnussbutter, die Sojasauce und den Zitronensaft vermischen.

○ Die Sauce mit dem zurückbehaltenen Kochwasser verdünnen.

Rotkohl
× ½ kleiner

gezuckerte Sojasauce
4 Esslöffel

○ Die Soba-Nudeln und das Gemüse vermischen, mit Sauce übergießen. Vermischen, probieren und gegebenenfalls abschmecken. Sofort servieren, weil die Soba-Nudeln nicht aufbewahrt werden können.

gemischter Blattsalat
200 g

Bio-Zitrone
× 1

Kohlsteaks mit Ziegenkäse

 In 10 Minuten vorbereitet

 35 Minuten Kochzeit

 Für 4 Personen

Grünkohl
x 1 kleiner

roter Apfel
x 1

geschälte Mandeln
30 g

Thymian
x 5 Stiele

Ziegenkäse
300 g

Olivenöl
3 Esslöffel

○ Den Kohl in 4 Scheiben von 2 cm Dicke schneiden, den Apfel in feine Scheiben schneiden, die Kerne entfernen. Den Ziegenkäse in 4 Stücke schneiden. Den Ofen auf 200 °C vorheizen.

○ Den Kohl mit Öl bepinseln, würzen und für 25 Minuten in den Ofen geben. Nach der Hälfte der Kochzeit herausnehmen.

○ Die Apfelscheiben darauflegen, 1 Scheibe Käse und wieder Apfelschreiben. Mit Mandeln bedecken, dann mit Thymian bestreuen. 10 Minuten in den Ofen geben.

Wok-Gemüse

Frühlingszwiebeln
x 4

Ingwer
25 g

Pak Choi
200 g

Sojasauce
3 Esslöffel

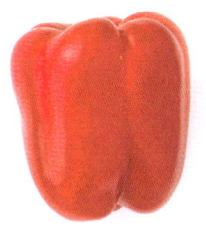

Paprika
x 1 rote + 1 gelbe

tiefgekühlte Edamame
100 g

 In 10 Minuten vorbereitet

 8 Minuten Kochzeit

 Für 2 Personen

○ Die Zwiebeln in feine Scheiben schneiden, dabei die Knolle vom Kraut trennen. Den Ingwer schälen und hacken. Die Paprika in Scheiben schneiden. Den Pak Choi (chinesischer Blätterkohl) grob schneiden und die Edamame (japanische Bohnen) auftauen.

○ Das Weiß der Zwiebeln, die Paprika und den Ingwer mit 2 Esslöffeln Öl für 5 Minuten in einem Wok anbraten. Den Pak Choi hinzugeben und für 1 Minute braten. Die Sojasauce und die Edamame hinzugeben. Noch 2 Minuten braten lassen. Mit Grün der Zwiebeln bestreuen.

Aubergine, Pinienkerne und Feta

 In 15 Minuten vorbereitet

 25 Minuten Backzeit

 Für 4 Personen

Auberginen
× 3

Pinienkerne
30 g

Cranberrys
50 g

glatte Petersilie
5 Stiele

Feta
60 g

Olivenöl
8 Esslöffel

○ Den Ofen auf 220 °C vorheizen. Die Auberginen waschen und in Scheiben von 0,5 cm Dicke schneiden. Salzen und 15 Minuten entwässern lassen.

○ Die Auberginen in einer Schüssel mit dem Öl mischen und pfeffern. Auf einem Backblech ausbreiten und für 20 Minuten in den Ofen geben. Nach der Hälfte der Backzeit wenden.

○ Die Pinienkerne hinzufügen und weitere 5 Minuten backen.

○ Mit Feta, Cranberrys und gehackter Petersilie bestreut servieren.

Piperade

 In 15 Minuten vorbereitet

 35 Minuten Kochzeit

 Für 4 Personen

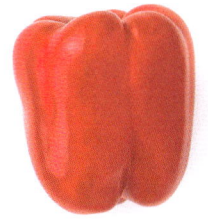

Paprika
× 3

Zwiebel
× 1

Knoblauch
3 Zehen

Olivenöl
4 Esslöffel

Tomaten
× 3

Eier
× 6

○ Die Zwiebel in feine Scheiben, die Paprika in Streifen und die Tomaten in Würfel schneiden. Den Knoblauch pressen.

○ Öl in einer Pfanne erhitzen. Die Zwiebel 10 Minuten anschwitzen. Die Paprika hinzufügen und weitere 10 Minuten garen. Die Tomaten hinzufügen und weitere 15 Minuten garen. Probieren und nach Geschmack würzen. Die Eier hinzufügen und unter Rühren 1 Minute ziehen lassen.

Chinesisches Gemüse

getrocknete Morchel
25 g

fester Tofu
400 g

 In 10 Minuten vorbereitet

 15 Minuten Kochzeit

 Für 6 Personen

kleiner Chinakohl
× 1

Kokosmilch
500 ml

○ Die Pilze in einer Schüssel mit kaltem Wasser 30 Minuten einweichen. Die größeren Pilze halbieren. Den Kohl waschen und in gleich große Stücke schneiden. Den Tofu in Würfel schneiden.

○ In einem Schmortopf die Currypaste in der Kokosmilch mit dem Zucker und 1 Teelöffel Salz verrühren. Zum Kochen bringen, die Pilze hinzufügen und 2 Minuten garen lassen. Den Kohl hinzufügen und weitere 2 Minuten garen. Den Tofu hinzufügen und 3 Minuten garen. Mit Reis oder Quinoa servieren.

rote Thai-Currypaste
1 Esslöffel

Zucker
1 Esslöffel

Soja-Ragout

Soja-Proteinchips
60 g

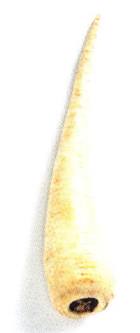

Pastinake
× 2

 In 15 Minuten vorbereitet

 40 Minuten Kochzeit

 Für 4 Personen

Karotten
× 4

Rüben
× 3

○ Das Gemüse waschen und in gleichgroße Stücke schneiden.

○ Alle Zutaten in einem großen Schmortopf vermischen, die Gemüsebrühe darübergießen und leicht köchelnd 40 Minuten garen.

Lauch
× 2 Stangen

Gemüsebrühe
1,5 l

Röstis mit Karotten und Avocado

 In 10 Minuten vorbereitet

 8 Minuten Kochzeit

 Für 1 Person

Kartoffel
x 1 große

Avocado
x 1

Romana-Salat
x 1

Sesamsamen
2 Esslöffel

Karotten
x 2

Olivenöl
1 Schuss

○ Die Kartoffel und die Karotte schälen und raspeln. Die Kartoffel und ein Drittel der Karotten in einem Geschirrtuch trocknen. Salzen und pfeffern.

○ Aus der geraspelten Mischung Fladen formen. In einer Pfanne mit Olivenöl 4 Minuten von jeder Seite anbraten.

○ Die Sesamsamen rösten. Die Avocado halbieren, den Kern und die Haut entfernen.

○ Alle Zutaten in einen Topf geben. Vinaigrette darüber gießen (siehe Rezept 60).

Gurken-Spaghetti mit Guacamole

 In 15 Minuten vorbereitet

 Ohne Kochen

 Für 4 Personen

Gurke
× 2

reife Avocados
× 2

○ Das Avocadofleisch mit dem Saft der Limette verkneten. Würzen.

○ Die Zwiebel in feine Scheiben schneiden, die Tomaten vierteln und die Gurken schälen. Mit einem Julienne-Schäler Nudeln herstellen. Unter die Sauce mischen.

○ Mit Tomaten, Zwiebel und Korianderblättern servieren.

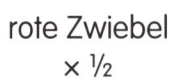

Kirschtomaten
100 g

rote Zwiebel
× ½

Limette
× 1

Koriander
½ Bund

Süßkartoffel-Spaghetti

 In 7 Minuten vorbereitet

 3 Minuten Kochzeit

 Für 4-6 Personen

lange Süßkartoffeln
× 2

Erdnussbutter
2 Esslöffel

gezuckerte Sojasauce
5 Esslöffel

Rucola
125 g

große Zitrone
× 1

Schnittlauch
3 Stiele

○ Die Süßkartoffeln schälen. Mit einem Julienne-Schäler Nudeln herstellen. In einem Behälter mit Deckel 3 Minuten in der Mikrowelle oder für 2-3 Minuten in Dampf garen. In zwei Teilen garen. Abkühlen lassen.

○ Mit der Gabel die Erdnussbutter, den Zitronensaft und die Sojasauce verquirlen und über die Nudeln gießen. Den geschnittenen Lauch und den Rucola darübergeben.

Spaghettikürbis

Spaghettikürbis
x 1

Kirschtomaten
400 g

 In 10 Minuten vorbereitet

 40 Minuten Kochzeit

 Für 2 Personen

Parmesan
25 g

Knoblauch
x 6 Zehen

○ Den Kürbis halbieren, entkernen, mit Öl bepinseln, salzen, pfeffern und mit der Schnittseite nach oben auf ein Blech legen.

○ Den nicht geschälten Knoblauch, die Tomaten, den Thymian und 1 Esslöffel Öl vermischen. Das Ganze auf dem Blech verteilen und für 40 Minuten bei 190 °C in den Ofen geben.

Basilikum
x 1 Bund

Thymian
x 5 Stiele

○ Das Kürbisfleisch mit einer Gabel lösen. Den Knoblauch pressen. Mit den Tomaten, dem Basilikum und 2 Esslöffeln Öl mischen. Würzen, Basilikum, Thymian über den Kürbis verteilen und mit dem Parmesan bestreuen.

Brauner Reis und Spiegeleier

 In 15 Minuten vorbereitet

 45 Minuten Kochzeit

 Für 2 Personen

brauner Langkornreis
100 g

Frühlingszwiebeln
x 4

Avocado
x 1

Koriander
x 1 großer Bund

Eier
x 4

Sriracha-Sauce
2 Teelöffel

○ Die Zwiebeln und die Avocado in kleine Stücke schneiden. Den Reis in einem Wok kochen.

○ Zur Seite schieben und 1 Esslöffel Olivenöl hinzufügen. Das Weiße der Zwiebeln hinzufügen, mit dem Reis vermischen, bis das Ganze knusprig ist. Zur Seite stellen.

○ 2 Esslöffel Olivenöl hinzufügen und die Spiegeleier braten. Würzen und den Reis in 2 Schalen verteilen. Das Ei, die Avocado, den Koriander, das Grün der Zwiebeln und die Sriracha-Sauce (thailändische Chilisauce) hinzugeben.

Wildreis, Lauch und Feta

 In 10 Minuten vorbereitet

 30 Minuten Kochzeit

 Für 1 Person

Wildreis
100 g

Lauch
x 1

○ Den Wildreis nach den Anweisungen auf der Verpackung
kochen. Den Schnittlauch mit
der Schere kleinschneiden. Die
halbe Zitrone vierteln.

Schnittlauch
x ½ Bund

gemischter Blattsalat
x 1 Handvoll

○ Lauch fein schneiden und
waschen. In einem Topf mit
Olivenöl, dem Zitronensaft,
Salz und Pfeffer bei mittlerer
Hitze 3 Minuten bei häufigem
Umrühren kochen. Die Hitze
reduzieren und noch 5 Minuten
kochen lassen.

Feta
x 10 Würfel

Zitrone
x ½

○ Den abgetropften Wildreis mit
dem Lauch in einer Schüssel
mischen. Die zerbröckelten
Fetawürfel, den Blattsalat und
den Schnittlauch hinzufügen.

Gemüse-Curry

Zucchini
x 1

Süßkartoffel
400 g

  In 10 Minuten vorbereitet

  30 Minuten Kochzeit

  Für 4 Personen

○ Das Gemüse waschen. Die Zucchini in Würfel und die Paprika in Streifen schneiden. Die Süßkartoffel schälen und in Würfel schneiden. Die Frühlings- zwiebeln in feine Scheiben schneiden.

○ Alle Zutaten in einen Topf geben. Die Hälfte der Frühlingszwiebeln zurückbehalten. 200 ml Wasser, 1 Teelöffel Salz und 2 Prisen gemahlenen Pfeffer hinzugeben.

○ 30 Minuten zugedeckt bei mittlerer Hitze kochen lassen.

○ Mit den restlichen Frühlings- zwiebeln servieren.

grüne Paprika
x 1

Frühlingszwiebeln
x 2

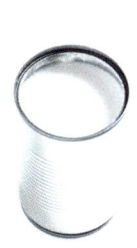

Kokosmilch
400 ml

Currypulver
2 Esslöffel

Eiercurry

 In 5 Minuten vorbereitet

 12 Minuten Kochzeit

 Für 4 Personen

Eier
× 4

Tiefkühl-Erbsen
300 g

○ Die Eier 10 Minuten kochen. Abschrecken und schälen. Die Zwiebel schälen und in feine Scheiben schneiden.

griechischer Joghurt
× 2

große Zwiebel
× 1

○ Die Zwiebel mit dem Garam Masala in einem Schuss Sonnenblumenöl anschwitzen. Den Joghurt, einen halben Teelöffel Salz, den Zucker und 50 ml Wasser hinzufügen. 2 Minuten ziehen lassen.

○ Erbsen hinzugeben und 3 Minuten ziehen lassen.

Garam Masala
1 gehäufter Esslöffel

Zucker
½ Teelöffel

○ Die ganzen Eier hinzufügen und 2 Minuten in dem Curry erwärmen, dann halbieren und servieren.

Spinatcurry

 In 5 Minuten vorbereitet

 15 Minuten Kochzeit

 Für 6 Personen

Spinat
800 g

Tomatenpüree
400 g

Feta
150 g

griechischer Joghurt
× 1

Zwiebel
× 1

Garam Masala
1 gehäufter Esslöffel

○ Die Zwiebel schälen und in feine Scheiben schneiden. In 3 Esslöffeln Sonnenblumenöl mit dem Garam Masala anschwitzen. Die Tomaten hinzufügen und 5 Minuten garen. Die Spinatblätter hinzugeben und weitere 5 Minuten garen. Den Joghurt dazugeben und vermischen.

○ Von der Herdplatte nehmen, den zerbröselten Feta hinzu-fügen. Mischen, probieren und nach Geschmack salzen.

FÜR DEN GROSSEN HUNGER

Polenta mit Champignons

 In 15 Minuten vorbereitet

 5 Minuten Kochzeit

 Für 2 Personen

Instant-Polenta
130 g

geriebener Parmesan
4 Esslöffel

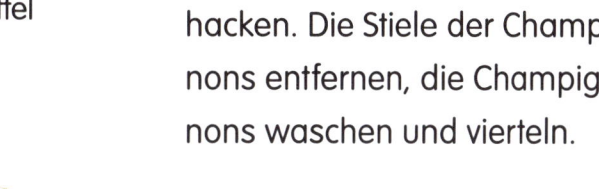

○ Die Petersilie waschen und fein hacken. Die Stiele der Champignons entfernen, die Champignons waschen und vierteln.

Champignons
300 g

Olivenöl
1 Schuss

○ Die Champignons in einer Pfanne mit Olivenöl 5 Minuten anbraten. Balsamico-Essig, Salz, Pfeffer und die Hälfte der Petersilie hinzugeben.

○ In einem Topf 600 ml Wasser zum Kochen bringen. Die Instant-Polenta unter Rühren einrieseln lassen und noch 2 Minuten bei schwacher Hitze kochen lassen. Salzen, pfeffern, dann die gebratenen Champignons, den geriebenen Parmesan und die Petersilie hinzufügen.

Balsamico-Essig
1 Schuss

Petersilie
x 3 Stiele

Auberginen-Caponata

 In 10 Minuten vorbereitet

 40 Minuten Kochzeit

 Für 4 Personen

Auberginen
500 g

ganze Tomaten
400 g

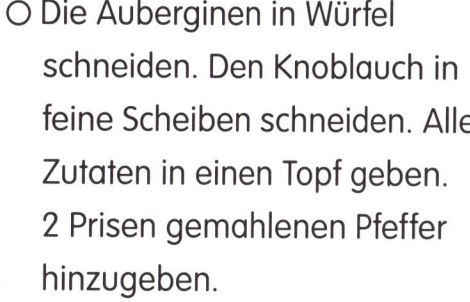

○ Die Auberginen in Würfel schneiden. Den Knoblauch in feine Scheiben schneiden. Alle Zutaten in einen Topf geben. 2 Prisen gemahlenen Pfeffer hinzugeben.

○ 40 Minuten zugedeckt bei mittlerer Hitze kochen lassen und regelmäßig umrühren.

Knoblauch
2 Zehen

Kapern
100 g

Zucker
1 Esslöffel

Olivenöl
2 Esslöffel

Gemüseauflauf

 In 15 Minuten vorbereitet

 50 Minuten Kochzeit

 Für 4 Personen

Champignons
500 g

Zucchini
× 3

Süßkartoffeln
× 2

Olivenöl
5 Esslöffel

Einkorn
100 g

Comté
150 g

○ Den Ofen auf 180 °C vorheizen. Das Einkorn garen.

○ Die Champignons hacken und in 2 Esslöffeln Öl 10 Minuten anbraten. Salzen, pfeffern. Das Einkorn hinzugeben und 2 Minuten anbraten.

○ Die in Würfel geschnittenen Süßkartoffeln 20 Minuten, die Zucchini 10 Minuten in Wasser garen, abgießen, würzen, jeweils 1 Esslöffel Öl hinzugeben.

○ Das Gemüse abwechselnd in eine mit Öl ausgestrichene Auflaufform schichten. Mit dem geriebenen Comté bestreuen und 25 Minuten in den Ofen geben.

Gemüse-Moussaka

Auberginen
× 2

Champignons
500 g

 In 25 Minuten vorbereitet

 50 Minuten Kochzeit

 Für 4 Personen

Olivenöl
5 Esslöffel

Tomaten-
BasilikumSauce
400 ml

Petersilie
× ½ Bund

Paniermehl
80 g

○ Den Ofen auf 220 °C vorheizen.
Die Auberginen in Scheiben mit
3 cm Dicke schneiden. Würzen
und mit Öl bestreichen, anschlie-
ßend auf einem Blech 10 bis
15 Minuten in den Ofen geben,
einmal wenden.

○ Die Champignons hacken und
in 2 Esslöffeln Öl 10 Minuten
anbraten. Würzen und die
gehackte Petersilie hinzugeben.

○ Das Gemüse in eine mit Öl
ausgestrichene Auflaufform
schichten.

○ Die Masse hineingeben, mit
Paniermehl bestreuen und
25 Minuten in den Ofen geben.

Veggie-Chili

 In 10 Minuten vorbereitet

 30 Minuten Kochzeit

 Für 4 Personen

Tempeh
400 g

grüne Paprika
× 2

Zwiebel
× 1

Knoblauch
× 3 Zehen

Chiligewürz
2 Esslöffel

gehackte Tomaten
400 g

○ Die Paprika waschen und in Würfel schneiden. Die Zwiebel fein schneiden, den Knoblauch pressen und das Tempeh zerkleinern.

○ Alle Zutaten in einem Schmortopf vermischen. Großzügig würzen.

○ 30 Minuten zugedeckt kochen lassen, gelegentlich umrühren. Gegebenenfalls etwas Wasser hinzugeben.

Veggie-Bolognese

 In 15 Minuten vorbereitet

 25 Minuten Kochzeit

 Für 4 Personen

kleiner Knollensellerie
× 1

gehackte Tomaten
500 g

vegetarische
Hackmasse
200 g

kleine Zwiebel
× 1

Knoblauch
× 4 Zehen

Kräutersträußchen
× 1

○ Die Zwiebel fein schneiden, den Knoblauch pressen.

○ Die gehackten Tomaten, die Zwiebel, den Knoblauch und das Kräutersträußchen in einem Schmortopf 15 Minuten garen lassen. Die vegetarische Hackmasse hinzugeben und 5 Minuten garen. Großzügig würzen.

○ Den Sellerie schälen und mit einem Spiralschneider Spaghetti daraus herstellen. Diese 3 bis 5 Minuten unter gelegentlichem vorsichtigem Rühren in der Sauce garen. Gegebenenfalls salzen und pfeffern.

Garam-Masala-Nudeln mit Kokos

 In 10 Minuten vorbereitet

 15 Minuten Kochzeit

 Für 4 Personen

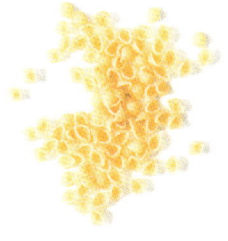

Conchigliette
250 g

Tomaten
× 3

Kokosmilch
400 ml

Zwiebel
× 1

Garam Masala
× 1 großer Esslöffel

Koriander
× 1 Bund

○ Die Zwiebel fein schneiden. Die Tomaten in große Würfel schneiden. Den Koriander hacken.

○ Die Nudeln, die Zwiebel, das Garam Masala, die Tomaten und die Kokosmilch in einen Kochtopf oder in einen Schmortopf geben. 300 ml Wasser und ½ Teelöffel Salz hinzugeben. Aufkochen.

○ Die Hitze herunterdrehen und 10 Minuten bei regelmäßigem Rühren garen.

○ Gegebenenfalls abschmecken. Mit dem Koriander servieren. Nach Geschmack den Saft einer Limette hinzugeben.

Rigatoni mit Grünkohl und Ricotta

 In 15 Minuten vorbereitet

 15 Minuten Kochzeit

 Für 4 Personen

Rigatoni
500 g

Haselnüsse
50 g

Grünkohl
400 g

Knoblauchzehen
× 3

Ricotta
250 g

Pecorino
50 g

○ Den Grünkohl waschen und den Strunk entfernen. Die Hälfte des Kohls mit dem Ricotta, dem Knoblauch und der Hälfte der Nüsse mischen.

○ Die Nudeln, die Kohlzubereitung und den restlichen, grob gehackten Grünkohl in einen Schmortopf geben. Wasser hinzugeben, sodass die Nudeln bedeckt sind. Aufkochen lassen, dann bei geschlossenem Deckel bei mittlerer Hitze 15 Minuten kochen lassen. Ab und zu umrühren.

○ Mit den grob gehackten Nüssen und dem geriebenen Pecorino servieren.

Nudeln mit cremige Paprika

 In 10 Minuten vorbereitet

 20 Minuten Kochzeit

 Für 4 Personen

Landnudeln
250 g

geröstete Paprika
im Glas
200 g

Kirschtomaten
250 g

Knoblauch
× 4 Zehen

Mandelmilch
500 ml

Basilikum
× 1 Bund

○ Die Paprika spülen und abgießen. Mit der Mandelmilch, dem Knoblauch und ½ Teelöffel Salz mixen.

○ In einen großen Kochtopf gießen. Die Nudeln, die Tomaten und 100 ml Wasser hinzugeben. Pfeffern. Aufkochen.

○ Die Hitze herunterdrehen und etwa 15 Minuten bei regelmäßigem Rühren garen.

○ Gegebenenfalls abschmecken. Mit dem Basilikum servieren.

Risotto mit Champignons

 In 5 Minuten vorbereitet

 20 Minuten Kochzeit

 Für 4 Personen

Risottoreis (Arborio)
300 g

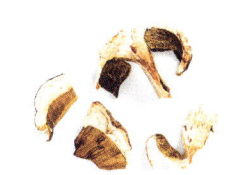

getrocknete Steinpilze
20 g

○ Das Öl in einem Schmortopf erhitzen.

○ Den Reis hinzufügen. 3 Minuten lang umrühren.

○ Die anderen Zutaten (bis auf den Parmesan), 1 Teelöffel grobes Salz, 2 Prisen gemahlenen Pfeffer und 700 ml Wasser hinzufügen.

Olivenöl
2 Esslöffel

Weißwein
100 ml

○ 20 Minuten ziehen lassen und regelmäßig umrühren.

○ Mit geriebenem Parmesan servieren.

Gemüsebrühe
1 Würfel

geriebener Parmesan
1 Stück

Butternut-Lasagne

Butternut-Kürbis
× ½

Ricotta
500 g

Geriebene Muskatnuss
½ Teelöffel

Grüne Pistazien
20 g

Frische Lasagneblätter
200 g

Parmesan
50 g

 In 15 Minuten vorbereitet

 40 Minuten Kochzeit

 Für 4 Personen

○ Den Ofen auf 180 °C vorheizen. Den Kürbis schälen und die Kerne entfernen. Grob raspeln. Den geraspelten Kürbis mit dem Ricotta, der geriebenen Muskatnuss und den grünen Pistazien mischen. Salzen und pfeffern.

○ Eine dünne Schicht dieser Mischung in eine Gratinform geben, mit Lasagneblättern abdecken. Dies wiederholen und mit einer Schicht aus Ricotta-Butternut-Mischung enden. Mit geriebenem Parmesan bestreuen.

○ Für 35 Minuten in den Ofen geben.

Gnocchi mit Steinpilzen

 In 20 Minuten vorbereitet

 5 Minuten Kochzeit
20 Minuten Ruhezeit

 Für 4 Personen

Gnocchi
500 g

Getrocknete Steinpilze
40 g

Mascarpone
250 g

Knoblauchzehen
× 3

Glatte Petersilie
× 1 Bund

Parmesan
zum Servieren

○ Die Steinpilze in warmem Wasser 20 Minuten wässern.

○ Die Knoblauchzehen schälen und sehr fein schneiden. Die Petersilie waschen und fein hacken.

○ Den Mascarpone in einem Topf mit dem von den Steinpilzen abgefangenen Wasser vermischen. Die Steinpilze, den Knoblauch, die Gnocchi und die Hälfte der gehackten Petersilie hinzugeben. Salzen. Aufkochen lassen und bei mittlerer Hitze noch 5 Minuten schmoren.

○ Die Gnocchi heiß, mit Petersilie und Parmesan bestreut servieren.

Quinoa, Reis und Spargel

 In 10 Minuten vorbereitet

 20 Minuten Kochzeit

 Für 4 Personen

Arborio-Reis
200 g

Quinoa
100 g

○ Den harten Teil des Spargels abschneiden. Den Rest in Scheiben schneiden. Zesten von der Zitrone schaben.

Grüner Spargel
1 Bund

Gemüsebrühe
1 l

○ Reis und Quinoa spülen und in einen Schmortopf geben. Den Spargel und die Brühe hinzufügen. Aufkochen lassen, die Hitze zurückdrehen und bei schwacher Hitze noch 20 Minuten kochen lassen. Von Zeit zu Zeit umrühren. Abschmecken.

○ Den fein geriebenen Parmesan und die Zitronenzesten hinzufügen. Sofort servieren.

Bio-Zitrone
× 1

Parmesan
50 g

Dinkel, dicke Bohnen und Burrata

 In 10 Minuten vorbereitet

 35 Minuten Kochzeit

 Für 4 Personen

Einkorn
300 g

Geschälte Bohnen
300 g

Gemüsebrühe
750 ml

Basilikum
× 1 Bund

○ Den Dinkel unter Wasser abspülen. Das Basilikum waschen.

○ Das Einkorn in einen Schmortopf geben. Die Bohnen, die Geflügelbrühe und die Hälfte des Basilikums hinzugeben. Aufkochen lassen. Bei mittlerer Hitze und geschlossenem Deckel 35 Minuten kochen lassen. Zum Ende hin das Kochgut beobachten und regelmäßig umrühren Gegebenenfalls etwas Wasser hinzugeben. Salzen und pfeffern.

○ Vor dem Servieren die in Stücke geschnittene Burrata hinzugeben und schmelzen lassen. Heiß Burrata servieren.

Burrata
200 g

Reis mit Linsen

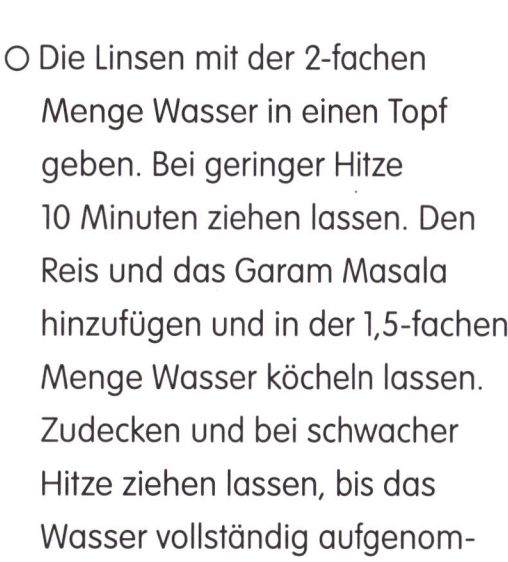

🔪 **In 5 Minuten vorbereitet**

🍲 **20 Minuten Kochzeit**

☺ **Für 4 Personen**

grüne Linsen
200 g

Basmati-Reis
200 g

○ Die Linsen mit der 2-fachen Menge Wasser in einen Topf geben. Bei geringer Hitze 10 Minuten ziehen lassen. Den Reis und das Garam Masala hinzufügen und in der 1,5-fachen Menge Wasser köcheln lassen. Zudecken und bei schwacher Hitze ziehen lassen, bis das Wasser vollständig aufgenommen wurde.

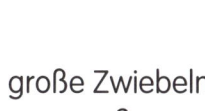

große Zwiebeln
× 2

Garam Masala
1 Esslöffel

○ Die Zwiebeln schneiden. In 6 Esslöffeln Öl anschwitzen, bis sie Farbe angenommen haben. Mit dem Öl in den Reis geben. Einen Teelöffel Salz hinzugeben, mischen und mit dem gehackten Koriander bestreuen.

Koriander
½ Bund

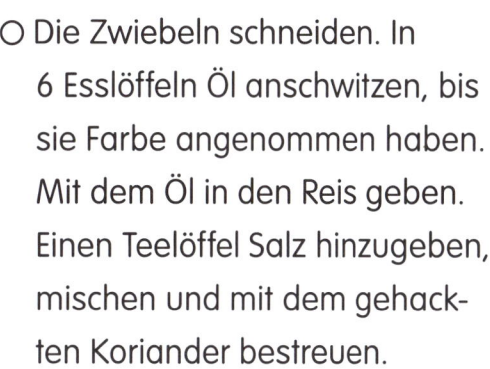

Früchtecurry

 In 10 Minuten vorbereitet

 15 Minuten Kochzeit

 Für 6 Personen

grüne Äpfel
× 2

Rosinen
60 g

große Zwiebel
× 1

Mandelmilch
300 ml

Koriander
½ Bund

Currypulver
1 gehäufter Esslöffel

○ Die Zwiebel schälen und in feine Scheiben schneiden. Die Äpfel schälen, halbieren, das Gehäuse entfernen und jede Hälfte vierteln. Den Koriander hacken.

○ Die Äpfel in 2 Esslöffeln Sonnenblumenöl goldgelb anbraten. Die Zwiebel und noch 2 Esslöffel Öl dazugeben. 5 Minuten ziehen lassen.

○ Den Curry, einen halben Teelöffel Salz, die Mandelmilch und die Rosinen hinzufügen. Zudecken und 8 Minuten ziehen lassen.

○ Von der Herdplatte nehmen und mit Koriander bestreuen. Mit Grieß servieren.

Curry mit Blumenkohl

  In 10 Minuten vorbereitet

  15 Minuten Kochzeit

  Für 6 Personen

Blumenkohl
400 g

Kichererbsen
aus der Dose
400 g

Ananas
× ½

Ingwer
80 g

Kokosmilch
500 ml

Kurkumapulver
1 Esslöffel

○ Röschen vom Blumenkohl pflücken, die größeren Stücke halbieren. Die Ananas in Scheiben und den Ingwer in feine Stifte schneiden. Die Kichererbsen abgießen und spülen.

○ In einem Schmortopf die Kokosmilch, das Kurkuma und 1 Teelöffel Salz verrühren. Den Blumenkohl und den Ingwer hinzugeben. Zudecken und 10 Minuten ziehen lassen.

○ Die Ananas und die Kichererbsen hinzugeben. 5 Minuten ziehen lassen. Probieren und bei Bedarf nachwürzen. Zur Abrundung des Geschmacks eventuell noch zuckern.

Kichererbsen-Burger mit Zaziki

 In 15 Minuten vorbereitet

 15 Minuten Kochzeit

 Für 2 Personen

Buns
× 2

gekochte Kichererbsen
300 g

Kreuzkümmel
2 Teelöffel

mittelgroße Tomaten
× 2

Frühlingszwiebeln
× 1½

Zaziki
125 g

○ Den Ofen auf 190 °C vorheizen. Die Kichererbsen abgießen. Mit dem Kreuzkümmel, dem Salz und dem Pfeffer mischen. Pattys formen und für 10 Minuten in den Ofen geben.

○ Die in Würfel geschnittenen Tomaten, die in feine Scheiben geschnittenen Zwiebeln, Salz und Pfeffer mischen.

○ Die Buns halbieren und für 5 Minuten in den Ofen geben.

○ Die Buns mit Zaziki bestreichen, die Pattys darauflegen und den Tomatensalat darüber verteilen. Zuklappen.

Gegrilltes Gemüse-Burger mit Pesto

Buns
× 2

Grillgemüse (TK)
300 g

 In 10 Minuten vorbereitet

 15 Minuten Kochzeit

 Für 2 Personen

Zwiebel
× ½

Rocamadour-Käse
× 2

○ Den Ofen auf 180 °C vorheizen. Das Gemüse auftauen. Die Zwiebel in feine Scheiben schneiden und in einem Schuss Öl anschwitzen. Wenn sie Farbe angenommen hat, das andere Gemüse hinzugeben und erhitzen. Von der Herdplatte nehmen. Das Pesto hinzufügen, salzen und pfeffern.

○ Die Buns halbieren und für 3 Minuten in den Ofen geben.

○ Die Buns mit dem Gemüse bestreichen, den Rocamadour drauflegen, schließen und 2 Minuten in den Ofen geben.

Pesto
2 Esslöffel

Weiße Bohnen-Burger mit Gouda

 In 15 Minuten vorbereitet 10

 Minuten Kochzeit

 Für 2 Personen

Buns
× 2

gekochte, weiße Bohnen
300 g

Paniermehl
2 Esslöffel

Burger-Sauce
4 Esslöffel

mittelgroße Tomaten
× 2

Gouda mit Kümmel
80 g

○ Die abgetropften Bohnen mixen, salzen, pfeffern, das Paniermehl hinzugeben. Steaks formen.

○ Den Ofen auf 180 °C vorheizen. Die Buns halbieren, die Tomaten in Scheiben schneiden. Den Gouda in feine Streifen schneiden.

○ Einen Schuss Öl erhitzen und die Steaks 1 - 2 Minuten auf jeder Seite anbraten. Die Buns für 5 Minuten in den Ofen geben. Den Gouda auf die Steaks legen, 3 Minuten in den Ofen geben.

○ Die Buns mit Burger-Sauce bestreichen, die Tomaten-scheiben und das Bohnensteak darauflegen. Zuklappen.

Ciabatta-Brote mit Zucchini-Frittata

 In 15 Minuten vorbereitet

 10 Minuten Kochzeit

 Für 2 Personen

kleine Ciabatta-Brote
× 2

große Zucchini
× 1

Eier
× 3

Feta
75 g

Minze
½ Bund

Aioli
4 Esslöffel

○ Die Zucchini raspeln, die Minze hacken, den Feta zerbröseln. Die Zucchini 1 Minute in der Mikro-welle garen. Gut abtropfen lassen. Die Eier aufschlagen, die Zucchini, die Minze und den zerbröselten Feta hinzugeben. Salzen und pfeffern.

○ Einen Schuss Öl erhitzen, die Mischung 3 - 4 Minuten bei mittlerer Hitze anbraten. Die Frittata vierteln, umdrehen, 2 - 3 Minuten ziehen lassen.

○ Den Ofen auf 180 °C vorheizen. Das Ciabatta aufschneiden und für 5 Minuten in den Ofen geben.

○ Mit Aioli bestreichen und mit Frittata garnieren.

Frittata mit Pasta

 In 5 Minuten vorbereitet

 15 Minuten Kochzeit

 Für 4 Personen

Parmesan
50 g

Eier
x 6

Spaghetti
500 g

Olivenöl
3 Esslöffel

○ Die Spaghetti kochen. Den Parmesan reiben. Den Ofen auf 200 °C vorheizen. Die Eier leicht aufschlagen, würzen, ein Drittel des Parmesans hinzugeben, dann die Spaghetti.

○ Das Öl in einer großen Pfanne erhitzen und mit den Spaghetti auf den Herd geben. Die Zubereitung auf die Eier gießen und 1 Minute kochen.

○ Ein Drittel des Parmesans darüberstreuen, dann 5 Minuten in den Ofen geben, bis die Frittata knusprig ist. Herausnehmen, mit dem restlichen Parmesan bestreuen und dann erneut 5 Minuten in den Ofen geben.

Zwei Käse und Semmelbrösel

🔪 **In 10 Minuten vorbereitet**

🍲 **15 Minuten Kochzeit**

☺ **Für 4 Personen**

Semmelbrösel
200 g

Butter
100 g

Mozzarella
250 g

Provolone
100 g

Knoblauchzehe
× 1

○ Den Ofen auf 190 °C vorheizen. Die Semmelbrösel mit der weichen Butter vermengen. Salzen.

○ Einen Bräter mit einer Knoblauchzehe ausreiben. Den Boden des Bräters mit der Hälfte der gebutterten Semmelbrösel bedecken.

○ Den Käse in Stücke schneiden und auf die Semmelbrösel legen. Mit den restlichen gebutterten Semmelbröseln bedecken.

○ Für 15 Minuten in den Ofen geben. Sofort mit Salat servieren.

Crumble mit Zucchini

 In 15 Minuten vorbereitet

 40 Minuten Kochzeit

 Für 2 Personen

Zucchini
x 3

Mehl
150 g

Butter
100 g

Knoblauch
x 1 Zehe

Mandelplättchen
2 Esslöffel

Öl
1 Esslöffel

○ Den Grill des Ofens vorheizen. Die Zucchini waschen und der Länge nach in feine Scheiben schneiden. Auf ein Backblech legen, mit Olivenöl übergießen, pfeffern und für 5 Minuten unter den Grill stellen, dann herausnehmen. In Stücke schneiden.

○ Den Knoblauch über die Zucchini reiben und mischen.

○ Die Butter in Stücke schneiden und in das Mehl geben. Mit den Fingern vermischen, um Streusel zu erhalten. Salzen, pfeffern. Mit den Mandeln mischen und diese Mischung über die Zucchini streuen. Für 30 Minuten bei 180 °C in den Ofen geben.

Quiche mit geräuchertem Tofu

 In 15 Minuten vorbereitet

 40 Minuten Kochzeit

 Für 4 Personen

Pastetenteig
× 1 Rolle

Sahne
300 ml

Eier
× 2

geräucherter Tofu
300 g

Chili
1 große Prise

kleiner Brokkoli
× 1

○ Den Ofen auf 180 °C vorheizen. Den Brokkoli 10 Minuten in Dampf garen.

○ Den Teig in eine Auflaufform legen. Den Brokkoli und den in Scheiben geschnittenen Tofu darauflegen.

○ Die Sahne, die Eier und den Chili aufschlagen und auf den Teig gießen.

○ 30 Minuten garen.

Käsequiche

Mürbeteig
x 1 Rolle

Vollmilch
500 ml

 In 10 Minuten vorbereitet

 1 Stunde 15 Minuten Kochzeit

 Für 4 Personen

Eier
x 6

Schnittlauch
x 1 Bund

O Den Käse reiben und den Schnittlauch mit der Schere kleinschneiden. Den Ofen auf 220 °C vorheizen. Den Mürbeteig auf einem Backblech ausrollen und blindbacken.

O Die Eier mit der Milch aufschlagen, salzen und pfeffern. Den Käse und den Schnittlauch hinzugeben, bevor das Ganze auf den bereits gebackenen Teig gegeben wird.

O 45 Minuten in den Ofen geben, bis die Quiche aufgegangen, durchgebacken und goldgelb ist.

Gruyère
225 g

Veggie-Pastete

Blätterteig
× 2 Rollen

indische Sojasteaks
200 g

 In 15 Minuten vorbereitet

 40 Minuten Kochzeit

 Für 4 Personen

kleine Pak Choi
× 4

Olivenöl
1 Esslöffel

Ei
× 1

Chilipulver
1 große Prise

○ Den Ofen auf 195 °C vorheizen. Den Pak Choi waschen, hacken und 10 Minuten in dem Olivenöl anbraten, bei schwacher Hitze fertiggaren.

○ Die Sojasteaks hacken und mit dem Gemüse mischen. Chili und das aufgeschlagene Ei hinzugeben. Etwas Ei zum Bepinseln zurückbehalten.

○ Eine Teigplatte in einer Form mit 25 cm Durchmesser ausrollen, die Garnitur hineingießen und mit der zweiten Teigplatte abdecken. Die Ränder verschließen und überschüssigen Teig abschneiden.

○ Für 30 Minuten in den Ofen geben.

Tarte mit Käse und Spargel

 In 15 Minuten vorbereitet

 30 Minuten Kochzeit

 Für 4 Personen

Blätterteig
x 1 Rolle

Gruyère
100 g

Spargel
425 g

Olivenöl
1 Schuss

○ Den harten Teil des Spargels abschneiden und den Rest in unregelmäßige Stücke von 5 cm schneiden. Den Gruyère grob reiben.

○ Den Ofen auf 200 °C vorheizen. Die Blätterteigrolle auf einem mit Backpapier belegten Blech ausrollen. Einen Rand von 1 cm lassen (ohne ihn abzuschneiden) und die ganze Mitte mit einer Gabel anstechen.

○ 15 Minuten blindbacken, bis der Teig goldgelb ist. Den Käse und dann den Spargel in die Mitte legen. Würzen und einen Schuss Olivenöl hinzugeben, dann für 20 Minuten in den Ofen geben.

Feine Tarte mit Tomaten und Ziegenkäse

Pizzateig, rechteckig
× 1

Auberginenkaviar
250 g

gemischte Tomaten
× 5 bis 6

kleiner, trockener
Ziegenkäse
× 1

Basilikum
× 1 Bund

 In 5 Minuten vorbereitet

 10 Minuten Kochzeit

 Für 4 Personen

○ Den Ofen auf 250 °C vorheizen (Unterhitze).

○ Die Tomaten waschen und in Scheiben schneiden. Mit dem Sparschneider Chips aus dem Ziegenkäse herstellen.

○ Den Pizzateig ausrollen. Mit der Gabel einstechen und etwa 8 Minuten in den Ofen geben. Die Oberseite muss goldgelb sein.

○ Den Auberginenkaviar darauf verteilen. Mit den Tomaten und den Ziegenkäse-Chips belegen. Mit den gezupften Basilikumblättern bestreuen.

Lauchgratin

 In 5 Minuten vorbereitet

 1 Stunde 5 Minuten Kochzeit

 Für 4 Personen

Lauch
x 4 kleine Stangen

Crème fraîche
250 ml

glatte Petersilie
x 5 Stiele

Parmesan
25 g

○ Den Parmesan und die glatte Petersilie fein hacken. Den Ofen auf 190 °C vorheizen. Das Dunkelgrüne vom Lauch entfernen, den Lauch halbieren, ohne ihn ganz durchzuschneiden, und dann reinigen.

○ Den Lauch in einer Schicht auf ein Blech legen, würzen und mit Crème fraîche bedecken. Mit Alufolie abdecken und in den Ofen geben. Nach 50 Minuten herausnehmen.

○ Abdecken und mit Parmesan und Petersilie bestreuen. Noch 15 Minuten in den Ofen geben, bis das Gratin goldgelb ist.

Blumenkohl mit Pesto

 In 15 Minuten vorbereitet

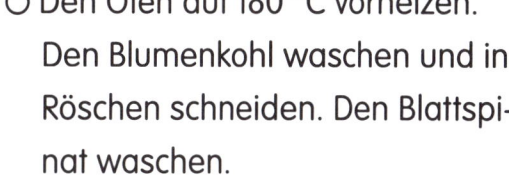 35 Minuten Kochzeit

Für 4 Personen

Blumenkohl
× 1

Blattspinat
100 g

Eier
× 4

Pesto
3 Esslöffel

Milch
500 ml

Parmesan
100 g

○ Den Ofen auf 180 °C vorheizen. Den Blumenkohl waschen und in Röschen schneiden. Den Blattspinat waschen.

○ Den Blumenkohl und den Blattspinat in einen Bräter geben, das Pesto hinzugeben und mischen.

○ Das Ei und die Milch aufschlagen, den Parmesan hinzugeben und salzen. Die Zubereitung in den Bräter gießen und diesen 35 Minuten in den Ofen geben.

Veggie-Hackbraten

 In 15 Minuten vorbereitet

 1 Stunde Kochzeit

 Für 4 Personen

grüne Linsen
200 g

Tomatensauce
400 ml

Eier
× 4

Estragon
× 3 Stiele

glatte Petersilie
× 10 Stiele

Paniermehl
100 g

○ Den Ofen auf 180 °C vorheizen. Die Linsen nach Packungsanga-be kochen.

○ Mit den Kräutern mischen. Mit den aufgeschlagenen Eiern, der Tomatensauce und dem Panier-mehl vermischen Salzen, pfef-fern.

○ In eine mit Backpapier ausgeleg-te Kuchenform gießen und 40 Minuten backen.

Ciabatta und Artischocken

 In 10 Minuten vorbereitet

 40 Minuten Kochzeit

 Für 4 Personen

Ciabatta
300 g

Artischocken in Öl
300 g

Eier
× 4

Milch
500 ml

Scamorza
150 g

Haselnüsse
50 g

○ Den Ofen auf 180 °C vorheizen. Das Ciabatta in Stücke schneiden. Die Artischocken abgießen. Die Artischocken und die Scamorza in Stücke schneiden.

○ Die Brotstücke, die Artischocken und die Scamorza in einen Bräter geben und vermischen.

○ Die Eier mit der Milch aufschlagen. Salzen. Die Mischung in den Bräter gießen. Mit den gehackten Nüssen bestreuen.

○ Für 40 Minuten in den Ofen geben. Heiß mit grünem Salat servieren.

Grüne Pizza

 In 10 Minuten vorbereitet

 20 Minuten Kochzeit

 Für 6 Personen

Pizzateig
× 1

geräucherter Tofu
100 g

Blattspinat
30 g

Pinienkerne
50 g

Olivenöl
10 Esslöffel

Basilikum
× 1 Bund

○ Den Ofen auf 180 °C vorheizen. Den Spinat und das Basilikum waschen. Jeweils 10 Blätter zurückbehalten.

○ Den Tofu mit dem Spinat, dem Basilikum, den Pinienkernen, 8 Löffeln Olivenöl, 3 Esslöffeln Wasser, 2 Prisen Salz und gemahlenem Pfeffer pürieren.

○ Den Pizzateig auf ein mit Backpapier ausgelegtes Blech legen. Die Pizza belegen und 20 Minuten in den Ofen geben.

○ Mit den restlichen Spinat- und Basilikumblättern servieren, mit Olivenöl beträufeln.

SUSSES

Zitrusfruchtsalat

🔪 **In 15 Minuten vorbereitet**

🍲 **Ohne Kochen oder Backen**

😊 **Für 2 Personen**

Grapefruit
× 1

Orangen
× 2

Clementinen
× 4

frischer Ingwer
x 1 kleines Stück

Zucker
2 Teelöffel

○ Die Grapefruit schälen. Die Spalten trennen und die weiße Haut davon entfernen.

○ Die Orangen von oben nach unten schälen und darauf achten, dass auch hier die weiße Haut entfernt wird. In Viertel schneiden.

○ Die Clementinen schälen und in 4 oder 6 Stücke schneiden.

○ Die Früchte in eine Schüssel geben und den sehr fein geriebenen Ingwer hinzufügen. Den Zucker darüberstreuen und mischen.

Gebackene Ananas

 In 15 Minuten vorbereitet

 30 Minuten Kochzeit

 Für 2 Personen

Ananas
x 3 Scheiben

Passionsfrucht
x 1

○ Den Ofen auf 190 °C vorheizen. Die Ananasstücke schälen und den harten Kern entfernen. Auf ein eingefettetes Backblech legen.

Butter
15 g

Haferflocken
4 Esslöffel

○ Zucker und Butter in einem Topf bei schwacher Hitze schmelzen. Haferflocken hinzugeben, mischen und auf die Ananas- scheiben geben, sodass diese abgedeckt sind. Für 30 Minuten in den Ofen geben.

Rohrzucker
8 Esslöffel

○ Die Passionsfrucht halbieren und die Haut entfernen. Die gebackenen Ananasscheiben auf einen Teller legen und das Fruchtfleisch der Passionsfrucht darauf verteilen.

Feine Tartes mit Früchten

 In 20 Minuten vorbereitet

 15 Minuten Backzeit

 Für 4 Personen

Blätterteig
2 Rollen

Rohrzucker
4 Esslöffel

○ Den Ofen auf 180 °C vorheizen. Den Teig in 8 Rechtecke schneiden und in den Kühlschrank legen.

rote Früchte
200 g

Äpfel
200 g

○ Die Früchte waschen. Die Äpfel schälen. Die Äpfel und die Aprikosen in Scheiben schneiden. Die Früchte auf die Teigvierecke legen, mit Rohrzucker bestreuen und ca. 15 Minuten in den Ofen geben.

○ Abgekühlt oder kalt servieren.

Aprikosen
200 g

Zitronenschnitte

 In 20 Minuten vorbereitet

 1 Stunde Backzeit

 Für 6 Personen

Eier
x 2

Mehl
120 g

Zucker
140 g

Zitronen
x 4

Butter
80 g

Puderzucker
30 g

○ Eine rechteckige Form einfetten. 75 g Mehl und 1 Esslöffel Zucker mischen. 65 g in Würfel geschnittene Butter hinzufügen. Einen Teig kneten. In die Form verteilen. Für 20 Minuten bei 160 °C in den Ofen geben.

○ Die Zitronen pressen. Die Eier und 125 g Zucker aufschlagen. 80 ml Zitronensaft und 3 Esslöffel gesiebten Zucker hinzufügen. Aufschlagen.

○ Die Zitronenmischung auf dem Teig verteilen und für 35 Minuten bei 150 °C in den Ofen geben. Abkühlen lassen und in Scheiben schneiden. Mit Puderzucker bestreuen.

Ananas-Flan

 In 20 Minuten vorbereitet

 45 Minuten Backzeit
6 Stunden Ruhezeit

 Für 4 Personen

eingemachte Ananas
1 Dose

Zucker
40 g

Karamellsauce
6 Esslöffel

Eier
x 5

Maisstärke
1 Esslöffel

○ Die Stärke mit 2 Esslöffel Wasser verrühren. Die Ananas abgießen. In Stücke schneiden und vermischen. In einen Topf geben, den Zucker hinzufügen und aufkochen lassen. Abkühlen lassen. Die verrührte Stärke und die leicht aufgeschlagenen Eier hinzufügen.

○ Den Ofen auf 150 °C vorheizen. Die Karamellsauce auf den Boden einer Backform gießen. Darüber die Ananaszubereitung gießen und bei mittlerer Hitze auf ein mit Wasser gefülltes Blech stellen. Für 45 Minuten in den Ofen geben. Abkühlen lassen und dann mindestens 6 Stunden kühlen. Aus der Form nehmen.

Magic Pancakes

 In 5 Minuten vorbereitet

 2 Minuten Kochzeit

 Für 12 Pancakes

große Banane (180 g)
× 1

Eier
× 3

○ Die Banane mit der Erdnussbutter im Mixer pürieren.

○ Die Eier hinzugeben und erneut pürieren.

○ Eine beschichtete Pfanne erhitzen. Mit dem Löffel kleine Teighäufchen darin absetzen. Etwa 1 Minute auf jeder Seite backen.

Erdnussbutter
60 g

Ahornsirup
zum Servieren

○ Sofort mit Ahornsirup servieren.

Schoko-Maronen-Kuchen

 In 20 Minuten vorbereitet

 45 Minuten Backzeit

 Für 6 Personen

Butter
125 g

Eier
x 4

Maronencreme
500 g

Mehl für die Form
1 Esslöffel

dunkle Schokolade
100 g

○ Den Ofen auf 180 °C vorheizen. Das Eiweiß vom Eigelb trennen. Eine Form einfetten und mit Mehl ausstäuben.

○ Die Butter und die Schokolade im Wasserbad schmelzen lassen. Abkühlen lassen. Die Maronencreme und dann das Eigelb hinzufügen.

○ Das Eiweiß mit 1 Prise Salz zu Schnee schlagen und vorsichtig in die Schokoladen-Maronen-Mischung unterheben.

○ In die Form gießen und für 45 Minuten in den Ofen geben. Abkühlen lassen und aus der Form nehmen.

Obstkuchen

 **In 20 Minuten vorbereitet
30 Minuten Ruhezeit**

35 Minuten Backzeit

 Für 6 Personen

frische Himbeeren
100 g

Butter
140 g

○ Mit den Fingern Mehl, Salz und 130 g Butter verkneten. 3 Esslöffel Wasser hinzufügen und mit einem Messer mit runder Spitze vermischen. Eine Kugel formen, in Folie einwickeln und 30 Minuten kühlen.

Pfirsiche
x 6

Zucker
5 Esslöffel

○ Die Pfirsiche waschen, entkernen und in Stücke schneiden. Den Ofen auf 190 °C vorheizen.

○ Den Teig auf einer eingefetteten Platte rund auswalzen. Die Früchte darauflegen und dabei einen Rand freilassen. Mit Zucker bestreuen. Den Rand auf ein Drittel der Früchte hochziehen. Für 35 Minuten in den Ofen geben.

Mehl
250 g

Eisbecher mit Bananen und Orange

In 10 Minuten vorbereitet
4 Stunden im Gefrierfach

Ohne Kochen oder Backen

Für 2 Personen

Bananen
x 3

Orange
x 1 kleine

○ Die Bananen schälen und in Scheiben schneiden. Die Orange schälen und Filets davon schneiden.

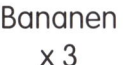

Honig
3 Esslöffel

Nüsse
x 10

○ Die Bananenscheiben mit den Orangenfilets, dem Joghurt und dem Honig zu einer homogenen Masse verrühren.

○ Die Creme in eine Kunststoffdose füllen und 4 Stunden in den Gefrierschrank geben. Immer wieder mit einer Gabel umrühren.

Naturjoghurt
x 1 Becher

○ Die Nüsse hacken. Das Eis verrühren, um es weich zu machen, und dann auf zwei Schalen verteilen. Die Nüsse darüberstreuen.

Frozen Yogurt

gefrorene Himbeeren
400 g

griechischer Joghurt
400 g

 In 5 Minuten vorbereitet

 Ohne Kochen

 Personen

○ Ein paar Himbeeren zurückbehalten. Alle Zutaten im Mixer
pürieren, bis die Konsistenz
von Eis entstanden ist.

○ Sofort mit den frischen Himbeeren servieren.

Honig
4 Esslöffel

Falsches Eis

 In 15 Minuten vorbereitet

 **Ohne Kochen oder Backen
2 Stunden im Gefrierfach**

 Für 2 Personen

tiefgekühlte Himbeeren
300 g

frische Erdbeeren
300 g

○ Die tiefgekühlten Himbeeren mit dem Joghurt mixen. Zucker hinzufügen und erneut vermischen.

griechischer Joghurt
x 2 Portionen

Zucker
2 Teelöffel

○ Die Erdbeeren waschen und entstielen. Sie mit etwas Zucker mixen und die Crème fraîche hinzufügen und mischen.

○ Die Zubereitung in Eisformen für Eis am Stiel gießen. Einen Holzstiel in der Mitte jeder Form platzieren und für 30 Minuten in den Gefrierschrank stellen, falls tiefgekühlte Früchte verwendet werden; bei frischen Früchten 2 – 3 Stunden. Vor dem Servieren aus der Form nehmen.

Crème fraîche
150 g

Was macht man womit?

Die Originalausgaben:
Énergie Super Facile, Prix Mini Super Facile, Vite prêt 10 min Super Facile, Presque végétarien Super Facile,
Apéros Super Facile, Végétarien Super Facile, Un plat light Super Facile, Burger Super Facile, Apéro veggie Super Facile,
Soupe Super Facile, Salade Super Facile, Curry Super Facile, Un plat Super Facile, Légume Super Facile, Un plat italien Super Facile,
Pasta magique Super Facile, Dessert Super Facile

Dieses Buch ist eine Zusammenstellung der folgenden Titel:
Energy Food, Preiswert kochen, 10 Minutengerichte, Flexitarische Küche, Tapas, Vegetarisch, Leichte Küche, Burger,
Vegetarische Vorspeisen, Suppen, Salate, Currys, Alles aus einem Topf, Gemüse, Italienische Küche, Pasta, Dessert

© 2020 Librero IBP (für die deutschsprachige Ausgabe),
Postbus 72, 5330 AB Kerkdriel, Niederlande

© Hachette Livre (Marabout), 2016, 2017

Fotografie der Zutaten: © Akiko Ida, Elisa Watson, Rebecca Genet, Deirdre Rooney, Richard Boutin,
Ilona Chovancova, Charlotte Lascève, Valéry Guédès, Pierre Javelle
Fotografie der Kapiteleröffnungen: © iStockphoto.com/Nastco

Umschlag-Bilder: Hachette Livre (Marabout)

Produktion der deutschsprachigen Ausgabe:
Tanja Timmerman vertaling & redactie
Übersetzung: Judith Muhr

ISBN: 978-94-6359-449-3

Printed in Slovenia

Bei der Zusammenstellung der Texte und Abbildungen wurde mit größter
Sorgfalt vorgegangen. Trotzdem können Fehler nicht vollständig ausgeschlossen
werden. Verlag und Autor können für fehlerhafte Angaben und deren Folgen
weder juristische noch irgendeine Haftung übernehmen. Für Verbesserungsvorschläge
und Hinweise auf Fehler sind Verlag und Autor dankbar.

HINWEIS:
In einigen Rezepten werden rohe Eier verwendet. Menschen mit schwachem Immunsystem (ältere Menschen,
Schwangere, kleine Kinder und Menschen mit einer Immunerkrankung) sollten diese möglichst vermeiden.